TABLETTES DE RENOMMÉE DES MUSICIENS.

TABLETTES DE RENOMMÉE
DES
MUSICIENS,

AUTEURS, COMPOSITEURS, VIRTUOSES, AMATEURS ET MAITRES DE MUSIQUE VOCALE ET INSTRUMENTALE, LES PLUS CONNUS EN CHAQUE GENRE.

Avec une Notice des Ouvrages ou autres motifs qui les ont rendus recommandables.

POUR SERVIR

A L'ALMANACH-DAUPHIN.

A PARIS,

Chez
- CAILLEAU, Libraire, rue Galande.
- Veuve DUCHESNE, rue Saint-Jacques.
- ROYER, Quai des Augustins.
- HARDOUIN, au Palais royal.
- BAILLI, Rue S. Honoré, Barriere des Sergens.
- ET au Bureau d'Indications générales, &c. rue S. Honoré, à côté de l'Hôtel des Américains, où l'on reçoit les Abonnemens, Observations & Avis relatifs à cet Ouvrage.

M. DCC. LXXXV.

Avec Approbation & Privilége du Roi.

ALMANACH-DAUPHIN

D'ADRESSES ET D'INDICATIONS GÉNÉRALES

DES SIX-CORPS MARCHANDS,

ARTISTES ET FABRIQUANTS,

OU

TABLETTES DE RENOMMÉE

DES PLUS HABILES ARTISTES

EN CHAQUE GENRE

ET

PREMIÈRES MAISONS DE BANQUE, COMMERCE, FABRIQUES ET MANUFACTURES DE LA VILLE ET FAUXBOURGS DE PARIS, ET AUTRES VILLES DU ROYAUME ET DES PAYS ÉTRANGERS.

Volume *in*-8°. dédié à MONSEIGNEUR LE DAUPHIN.

PAR UNE SOCIÉTÉ D'AMATEURS DES SCIENCES, DU COMMERCE ET DES ARTS.

PROSPECTUS.

L'OUVRAGE que nous annonçons ici a déjà paru il y a quelques années, ſous le titre d'*Almanach Général d'Indication des Six-Corps Marchands*, *Artiſtes & Fabriquants de la Ville & Fauxbourgs de Paris & autres Villes du Royaume*, & ſucceſſivement ſous le titre de *TABLETTES DE RENOMMÉE*, &c. Le Public avoit accueilli ces premiers Eſſais d'un œil favorable; chaque Ville Commerçante s'étoit même empreſſée de nous envoyer un Tableau de ſon Commerce & de ſes productions, &, par un ſuccès au-delà de notre attente, nous avions pu nous flatter d'avoir atteint le but d'utilité que nous nous étions propoſé, lorſque des circonſtances que nous n'avions pu prévoir, ont rallenti malgré nous, les progrès de cette entrepriſe.

Mais ſi d'un côté nous avons ſouffert des obſtacles qui nous contrarioient, d'un autre côté nous en avons profité pour donner à ce nouvel Ouvrage une *forme plus étendue*, une *diviſion plus claire* & une *utilité plus générale.*

On ſent aſſez qu'une nomenclature immenſe n'eſt nullement propre à amuſer l'eſprit, ce n'eſt donc point à ce titre que nous reclamons la bienveillance du Public; mais ſi l'Indication des objets d'agrément & de pure commodité ne promet rien à notre gloire, notre dédommagement ſera au moins d'éviter ſouvent à nos concitoyens des recherches toujours faſtidieuſes, & de procurer aux Étrangers une connoiſſance beaucoup plus rapide des objets qui les appellent à Paris.

En concevant le plan de cet Ouvrage, nous avons ſenti que de cette foule immenſe, qui journellement abonde en cette Capitale, une partie y étoit attirée par les intérêts qui l'appellent auprès des Grands, ou par les affaires qui l'entraînent dans le ſanctuaire de la Juſtice; mais que l'autre infiniment plus nombreuſe y étoit conduite ou par l'*amour des Arts*, ou par l'*attrait du plaiſir*, ou par *des raiſons de Commerce.*

L'ALMANACH ROYAL remplit à tous égards, & avec un ſuccès mérité, les vues de la première claſſe; mais la ſeconde n'avoit rien encore qui pût la guider.

Le *Négociant* de la Province & des pays Étrangers trouvera dans l'ALMANACH-DAUPHIN, le moyen d'étendre ſon Commerce en cette Capitale, par l'Indication des Maiſons de ſon genre, qui, ſans ce ſecours, ne ſeroient peut-être jamais venues à ſa connoiſſance, & celui de Paris, celle des premières Maiſons de Banque & de Commerce de l'Europe, qu'il n'auroit peut-être découvertes qu'après de longues recherches ou des voyages pénibles & onéreux.

Les *Étrangers Commerçants*, ou *Amateurs des Arts*, embarraſſés ſouvent de s'exprimer dans une langue nouvelle pour eux & à la merci, par-là, d'un Commiſſionnaire infidele ou d'un Guide peu intelligent, devenus poſſeſſeurs de l'Ouvrage qu'on annonce, pourront ſe repoſer ſur eux-mêmes de la célérité & du ſuccès de leurs recherches; ils auront ſous les yeux les noms & la demeure des Artiſtes qui font la gloire & l'ornement de cette Ville, & du genre de talent particulier dans lequel chacun d'eux excelle.

L'*Artiſte célèbre* aura pareillement la ſatisfaction de voir ſa réputation plus répandue, ſes talens conſignés d'une manière plus conſtante, & ſes travaux d'autant plus recherchés qu'ils ſeront plus ſouvent appréciés, & qu'il y aura plus de concours pour ſe les procurer.

L'*Étranger* qui voyage pour s'instruire ou pour s'enrichir du résultat de nos Arts, & qui, faute d'un Ouvrage qui pût le guider dans ses desirs, avoit vu jusqu'ici ses vœux circonscrits dans un cercle très-étroit, pourra au moyen de ce nouveau répertoire étendre ses connoissances, se satisfaire plus promptement, à moins de frais, & transporter dans son pays plus de chef-d'œuvres ou d'objets précieux, qui attestent aux yeux des siens son goût perfectionné dans ses voyages, & les talens des hommes célèbres qui illustrent notre Patrie.

On y trouvera enfin un recueil des remèdes & secrets approuvés, les plus accrédités, & la réunion des objets de *luxe*, de *goût*, de *modes*, d'*agrémens*, de *logemens* & d'*habillemens*, avec la demeure des Fournisseurs & le prix des articles qui en sont susceptibles, tels que les *tables d'Hôtes*, les *hôtels-garnis*, les *pensions*, les *voitures Publiques*, &c, &c. Objets toujours embarrassans pour l'Étranger, quelle que soit sa fortune, & non moins intéressants pour le Citoyen de cette Ville, qui, après vingt ans de résidence, n'a souvent que des notions superficielles de ces mêmes objets qui peuvent intéresser son œconomie, ou varier ses moyens de dépense.

Cet apperçu suffit, sans doute, pour faire sentir l'utilité sinon générale, au moins très-étendue de cet Ouvrage, qui a coûté des recherches immenses & un travail d'autant plus pénible qu'il est par son essence, plein de sécheresse & d'aridité; mais les obstacles ne nous ont point arrêté, nous avons consulté plusieurs Négocians, divers Artistes, & autres personnes d'un mérite distingué dans chaque genre, qui ont bien voulu nous seconder, & partager, pour ainsi dire, avec nous le dégoût nécessairement attaché à ce genre de composition.

D'après cet aveu, l'on sent pareillement que nous n'attachons au mérite de cet Ouvrage d'autre prétention que celle d'avoir *les premiers* jetté les fondemens d'une correspondance *sans bornes*, qui peut devenir du plus grand intérêt pour *l'accroissement du Commerce*, la *perfection des Arts* & la *célébrité des Artistes*.

Nous avons cru devoir écarter de cet Ouvrage tout esprit de *critique*. Chaque Notice qui suivra le nom d'un Artiste ou d'un Commerçant, ne sera que l'exposé *simple* & *impartial* de ses Ouvrages, de ses découvertes & de ses talens, ou de l'étendue de son Commerce.

Nous n'ignorons cependant pas que c'est peut-être nous annoncer ici sous l'aspect le moins piquant; mais nous ne desirons point le sourire approbateur de ceux qui ne cherchent par-tout que le *sarcasme* & *l'épigramme*. Notre unique but est de nous rendre utiles, & l'avantage d'y réussir, est la seule gloire dont nous soyons jaloux.

Cet Ouvrage ſera diviſé en deux Parties.

La première, ſous le titre de *SCIENCES* & *ARTS*, contiendra les *noms*, *demeures* & *qualités* des plus habiles Artiſtes, & autres perſonnes d'un mérite diſtingué dans chaque genre, avec une Notice des Ouvrages ou talens & autres motifs qui les ont rendus recommandables.

La *ſeconde* ſous le titre de *COMMERCE* & *INDUSTRIE*, contiendra les premières maiſons de *Banque*, *Commerce*, *Fabriques* & *Manufactures* les plus connues par leur *ancienneté*, leurs *privilèges* & le dégré de conſidération juſtement mérité, dont elle jouiſſent.

Le prix de l'Abonnement eſt de 6 liv. par an pour l'Ouvrage complet, ou de 4 liv. 10 ſols pour chaque Partie brochée qui ſe vendront enſemble ou ſéparément, dont il ſera payé 3 livres par Souſcription lors de l'Abonnement, & le ſurplus lors de la livraiſon.

On fera paſſer le prix de l'Abonnement (franc de port) chez l'Imprimeur, dans les ſix premiers mois de chaque année, ou au Bureau du Rédacteur, rue St. Honoré, qui en donnera un reçu; *ſigné* ROZE DE CHANTOISEAU.

On y recevra pareillement avec reconnoiſſance tous les Avis intéreſſans & Obſervations qui pourront tendre à la perfection de cet Ouvrage.

Formule de l'Abonnement pour les Libraires de Province.

Je ſouſſigné m'engage à prendre (tant d'Exemplaires) de L'ALMANACH-DAUPHIN, ou du CORRESPONDANT pour l'année 1785, à l'effet de quoi j'envoie la ſomme de..... ou ma ſoumiſſion de celle de..... que je payerai lors de la Livraiſon.

A PARIS,

Chez { CAILLEAU, Imprimeur-Libraire, rue Gallande, No. 64.
HARDOUIN, Libraire, au Palais Royal.
ROYER, Libraire, Quai des Auguſtins, à la deſcente du Pont-Neuf. }

Et au Bureau D'INDICATIONS GÉNÉRALES, rue Saint-Honoré, à la Gerbe d'Or, à côté de l'Hôtel des Américains.

Lu & approuvé ce 12 Août 1784, DE SAUVIGNY.

Permis d'imprimer, ce 21 Août 1784, LE NOIR.

De l'Imprimerie de CAILLEAU, rue Gallande, No. 64.

MUSIQUE.

La Musique est une harmonie qui naît des sons de la voix ou des instrumens, dont le but est de délasser agréablement l'esprit.

Les principes de cette science ont été développés par la France & l'Italie exclusivement.

Lambert fut le premier en France qui ait saisi les tours du chant & les expressions qui constituent en partie notre Musique vocale.

Lully doit être considéré comme le créateur de la Musique instrumentale. C'est lui qui dans les airs de violons a fait chanter toutes les parties avec un agrément presque égal. La basse & les autres instrumens n'étoient regardés avant que comme de simples accompagnemens. Il fit encore d'autres innovations telles que l'usage avantageux des dissonances, & donna à ce nouveau genre une consistance qu'il n'avoit pas encore eu.

Enfin, il découvrit la mine; mais il n'en tira pas ce qu'elle renfermoit de plus précieux.

Dans cet art sublime succéderent à Lully deux de ses fils & le célebre *Colasse*. C'est ce dernier qui mit en musique le beau Poëme de *Thétis* & *Pelée*, qui a été refait depuis par M. *de la Borde*, amateur plein de goût & de talens.

D'autres Emules parurent, tels que *Destouche*, *Campra*, *Quinault*, *la Bruere*, & le célebre *Rameau*, qui, guidé par son genre, prit alors un essor jusqu'alors ignoré, en faisant prendre à la Musique une marche & un caractere nouveau.

Il est sublime dans *Zoroastre*, *Castor* & *Pollux*, *Hypolite* & *Dardanus* : simple, piquant & délicat dans les *Sauvages*; il a su descendre à la bergere dans les *Indes galantes*, & se rendre comique & pittoresque dans *Platée*. Enfin, il a sçu dans tous les genres réunir tous les suffrages.

AUTEURS, COMPOSITEURS ET MAÎTRES DE MUSIQUE VOCALE ET INSTRUMENTALE.

Quelques-uns des plus connus sont :

M M.

ALEXANDRE, Auteur de la Musique de *Georget* & *Georgette*. Le *Petit Maître en Province*. *L'Esprit du jour*; & de plusieurs œuvres de Symphonies, Quatuor, airs variés, &c. *Rue de Viarmes*, n°. 18.

ANFOSSI, célebre Compositeur, a fait la Musique de

l'Inconnue persécutée, & plusieurs Recueils d'Ariettes périodiques & petits airs variés, *à Naples*.

BAMBINI. Les *Amans de village*, Comédie. *Nicaise*, Opera-Comique. *Suzanne* (Oratorio), exécuté avec succès au Concert Spirituel, & plusieurs œuvres de Symphonies à grand orchestre, Trio, Sonnates, & autres pieces détachées pour le clavecin.

BARTHELEMON. *Le Fleuve de Scamandre*, & plusieurs œuvres de Trio, Sonnates & Concerto, *à Londres*.

BAUDRON. *Le Roi de Cocagne. Pigmalion*, & autres Ouvrages qui ont eu du succès. *Rue Guénégaud*.

BAUMESNIL, Pensionné de l'Académie royale de Musique, a fait *l'Acte de Thibule* & plusieurs airs de Société.

BENDA. *Arianne abandonnée*, Mélodrame, dans lequel l'Artiste a trouvé l'art de peindre en musique les grands effets des affections de l'ame, & plusieurs airs de Sonnates & Concerto pour le clavecin.

BIANCHI. *La Réduction de Paris. Le Mort marié*; & plusieurs pieces de clavecin.

BOYER, les *Etrennes de l'Amour*, & plusieurs Œuvres de Guitare, avec l'Eloge de cet Instrument.

BURY (de), Surintendant de la Musique du Roi. L'Acte de *Titon & l'Aurore*, dans les Fragments. Les *Caracteres de la Folie. Jupiter, vainqueur des Titans*, en société avec M. Colin de Blamont. L'Acte d'*Hilas & Zélis*. Et autres Ouvrages agréables.

CAMBINI, Compositeur du Concert Spirituel, est Auteur de la Musique des *Romans de la Rose d'Amour*, & des Oratorio *Samson & le Sacrifice d'Abraham*, & de plusieurs Œuvres de Symphonies concertantes, à grand Orchestre. Quintelli. Quatuor. Trio. Sonates & Concerto, & qui tous ont eu un succès prodigieux, dans un genre sçavant & gracieux.

CANDEILLE. *Laure & Pétrarque*, Pastorale, & plusieurs Motets à grand chœur. *Grande Rue du Fauxbourg S. Martin*.

CANEHTE. *Hercule mourant & Polixène*, Tragédie en cinq actes. *Le Prix de la Valeur. La Coquette trompée*, & *le Retour du Printemps*, Ballet en un acte. *Sémiramis*, & *la Mort d'Orphée*, Tragédies en cinq actes. L'Opéra de *Linus*. Les changements de l'Opéra de *Callirrhoé*, & des *Fêtes Grecques & Romaines*, &c.

CARDONNE, Maître de la Musique du Roi. Les *Amours d'Ovide & Julie. Omphale*. Et plusieurs Recueils d'Airs variés pour le Violon, la Harpe & la Guitare. *A Versailles*.

CHABANON (de), Amateur, excellent Violon, est Auteur de la musique d'*Alexis & Daphnée*, & de plusieurs pieces de Clavecin. *Rue Saint-Marc*.

MUSIQUE.

Champein. *Mina* ou *l'Heureuse Epreuve.* Le *Baiser.* Les Ariettes du *Poëte supposé*, celles d'*Isabelle & Fernand*, & *la Musicomanie*, &c.

Tous les Ouvrages de ce Compositeur sont d'un style agréable facile & varié. Ce dernier sur-tout, généralement applaudi, a été trouvé plein de richesse dans les idées, de vérité dans les motifs, de grace dans la diction musicale, & de tournure facile & agréable dans le chant.

Chartrain, Compositeur agréable. Le *Lord supposé.* Une *Ode de J. B. Rousseau*, exécutée avec succès au Concert Spirituel, & plusieurs Œuvres de Symphonies concertantes. Quat. Trio. Duo. Sonates & Concerto, à grand Orchestre. *Rue de Bussy.*

Cifolelli. *L'Indienne. Perrin & Lucette.*

Corette. A l'Opéra-Comique : les *Ages.* Le *Jugement de Midas. Nina*, Pantomime Italienne. *Arlequin Persée. Armide*, Pantomime à machines. *Arlequin Boulanger*, Pantomime à Vaudeville. *Diane & Endymion*, Ballet Pantomime. Les *Tricotés. Mamie Margot.* La *Béquille du Pere Barnabas.* La *Touriere.* La *Fête infernale*, &c.

Dalairac (le Chevalier), Amateur, Garde de Monseigneur le Comte d'Artois. *L'Eclipse totale. Les deux Tuteurs. Le Corsaire*, & plusieurs Quatuor pour la Guitare. Trio pour la Flûte. Duo. Sonates, &c.

Daveaux, Amateur. Charmant Compositeur, a fait plusieurs Symphonies à grand Orchestre, & beaucoup de Symphonies concertantes, dont la plupart excutées au Concert Spirituel, ont été applaudies avec transport. *Hôtel Soubise.*

D'Auvergne, Surintendant de la Musique du Roi, & ancien Directeur Général de l'Académie Royale de Musique. *Les Amours de Tempé. Alphée & Arhétuse. Le Rival favoralle. Les Fêtes d'Euterpe. La Vénitienne. Les Troqueurs. Enée & Lavinie. Canente. Hercule mourant & Polixène. Le prix de la Valeur. La Coquette trompée. Le Retour du Printemps. La Tour enchantée. Sémiramis. La Mort d'Orphée. Linus*, & l'Acte de *Tibulle* dans les Fêtes Grecques & Romaines, &c.

Demereaux, Compositeur du Concert Spirituel. *Laurette. Le Duel Comique*, Opéra Boufon, imité de Paesiello. *Le Retour de la Tendresse. La Ressource Comique. Alexandre aux Indes*, Tragédie Lyrique. Le superbe *Oratorio de Samson.* Et plusieurs Motets. *Rue de Carême-prenant.*

Qui ont été exécutés au Concert Spirituel avec un égal succès, soit par les nouveautés piquantes qu'on y découvre, ou par les talens supérieurs qu'on y admire.

MUSIQUE.

Dezede, agréable & savant Compositeur, est Auteur de la Musique de *Julie*. *L'Erreur d'un moment*. *Le Stratagême découvert*. *Les Trois Fermiers*. *Le Langage des Fleurs* ou *Fatmé*. *Zulime*. *Le Porteur de chaise*. *A Trompeur, Trompeur & demi*. *Cécile*. *Blaise & Babet*, ou la Suite des Trois Fermiers. *Péronne sauvée*, grand Opéra. *Rue de Tournon*.

Dezede (Mademoiselle). *Lucette & Lucas*, Paroles de M. Forgeot.

Désaugiers, savant Compositeur, a fait à l'Opéra la Musique d'*Erixène*. Aux Italiens, le *Petit Œdipe* ou *Colin Maillard*. *Florine*. *Les deux Sylphes*, & les Couplets des *deux Jumeaux de Bergame*, &c. *Rue des Ménestriers*.

Desbrosses, Maitre de goût du Chant, a fait aux Italiens la Musique des *Sœurs Rivales*. *Le bon Seigneur*. *Les deux Cousines*, &c.

Désormery, Taille, attaché au Concert Spirituel, & Maitre de Vocale, a fait la Musique de *Myrtil & Lycoris*. *Le Triomphe de l'Harmonie*. *Euthime & Lyris*.

Duguet (l'Abbé), ordinaire de la Musique du Roi, & Maitre de Musique de la Cathédrale, est Auteur en société de *Jupiter & Europe*, & de plusieurs superbes Motets.

Edelmann. L'acte d'*Arcane* dans l'isle de Naxos, & l'acte *du Feu*, avec plusieurs œuvres de trio, sonates & pieces détachées pour le clavecin. *Rue du Temple*.

Felix. Les duo de *Colinette à la Cour*, & plusieurs airs variés pour la guitare.

Floquet, Compositeur du Concert Spirituel, & de l'Académie Royale de Musique *L'Union de l'Amour & des Arts*. *Azolan*. *Hellé*. *Le Seigneur bienfaisant*, paroles de M. Rochon de Chabanes. *La nouvelle Omphale*, & le superbe *Te Deum* exécuté dans l'Eglise des Peres de l'Oratoire, pour la naissance de Monseigneur le Dauphin.

On regarde ce morceau de Musique comme un chef d'œuvre de l'art, dans lequel l'Auteur s'est rendu supérieur à lui-même. *Rue Montmartre*.

Fournier, Aux Italiens, *les deux Aveugles de Bagdat*.

Framery, Surintendant de la Musique de Monseigneur le Comte d'Artois, est Auteur des paroles & Editeur de la Musique de la *Colonie* & de l'*Olimpiade* du célebre Sacchini, & de l'*Infante Zamora*, & la *Frescatana* du célebre Pæsiello *Vis-à-vis la rue Chabanoy*.

Francœur, Maitre de la Musique de la Chambre du Roi, & de l'Académie Royale, Chevalier de l'Ordre de Saint-Michel. *Pyrame & Thisbé*. *Zelindor*. *Les Augustales*. *Tircis & Zélie*. *Le Balet de la Paix*. *Scandesberg*. *Le Génie Tutélaire*. *La Félicité*. *Le Prince de Noisy*, & autres ouvrages très-estimés, *Rue neuve Saint-Eustache*.

MUSIQUE.

Francœur neveu. *Lindor & Ismene.*

Friziery, aveugle de naissance, a fait la Musique des *deux Miliciens*, Opera-Comique. *Les Souliers Mordorés*, idem. Indépendamment de ses talens pour la composition, il joue encore supérieurement du violon, de la mandoline & de différens autres instrumens. *Rue de Vaugirard.*

Gaviniés a fait la Musique du *Prétendu. Rue Saint-Thomas du Louvre.*

Geliote, pensionné de l'Académie Royale de Musique, une des plus superbes Haute-Conte qui ait jamais été entendue sur la scene lyrique, est Auteur de la Musique de *Zelisca.*

Gibert. La *Sybille*. Le *Carnaval d'été*. La *Fortune au village*. Quelques avis de *Soliman*. *Les trois Sultanes*. *Appelle & Campasque*. *Deucalion & Pyrrha*. Opéra non joué, & plusieurs Solfeges ou Leçons de Musique, avec accompagnement de basse chiffrée.

Gluck (le Chevalier), à Vienne, un des plus célebres Compositeurs de l'Europe, est Auteur des Opéra d'*Iphigénie en Aulide*. *Orphée & Euridice*. *Cithere assiégée*. *Iphigenie en Tauride*. *Armide*. *Echo & Narcisse*. L'*Arbre enchanté*, & plusieurs Œuvres de Simphonies. Duo & Quatuor, &c.

On reconnoit dans tous les Ouvrages de ce Savant Compositeur, un style fier & rapide qui court à l'effet, le hâte & le saisit. Dans les situations pathétiques, ses accens sont vifs & animés ; il émeut l'ame, il l'entraîne ; ses cœurs sont bien conçus, & ses accompagnemens se rapportent toujours à ce qu'il veut peindre. Aussi est-il regardé à juste titre, par les Virtuoses, comme un des plus vastes génies qui ait jamais paru en cette Capitale sur la scene lyrique.

Goblain. La Musique de la *Fête de Saint-Cloud*. La suite des *Chasseurs*. L'*Amante invisible*. Place S. Michel.

Gossec, ancien Directeur de l'Opéra, Administrateur du Conservatoire, ou nouvelle Ecole de Musique, & Compositeur du Concert Spirituel, est Auteur de la Musique des Opéra de *Philémone & Baucis*. *Hilas & Silvie*. Les *Pêcheurs*. Le *faux Lord Sabinus*. *Alexis & Daphnée*. *Toinon & Toinette*. Le *double Déguisement*. La *Fête de Village*. *Thésée*, Tragédie en quatre actes, qui est regardé à juste titre comme un chef-d'œuvre de l'art, & plusieurs Œuvres de Simphonie concertantes & à grand Orchestre. Quatuor. Sonates & Motets à grand chœur. *Rue Fontaine aux Rois.*

Personne n'a plus étudié, n'a mieux saisi l'effet des instrumens ; & l'on peut ajouter, n'a plus justement mérité l'hommage que le Public croit devoir rendre à l'heureux accord de ses talens sublimes, de ses qualités morales.

Grenier. L'acte de *Theonis*, en société. *Hôtel de Villeroy.*

GRESSET. L'*Agréable souvenir*. Romance & plusieurs Duo.

GRÉTRY, un des plus habiles & des plus célebres Compositeurs de l'Europe, est Auteur de la Musique d'*Andromaque*, Tragédie lyrique. *Lucile*. Le *Huron*. Le *Tableau parlant*. *Silvain*. Les *deux Avares*. *Zémir & Azor*. L'*Ami de la Maison*. L'*Amitié à l'épreuve*. Le *Magnifique*. La *Rosiere*, parole de M. de Pezai. *Cephale & Procris*. La *Fausse Magie*. Les *Mariages des Samnites*. *Isabelle & Gertrude*. Les *trois Ages de notre Musique*. *Matroco*. Le *Jugement de Mydas*. L'*Amant Jaloux*. *Aucassin & Nicolette*. Les *Evénemens imprévus*. L'*Epreuve villageoise*. La *Caravanne*. *Richard, cœur de lion*, Opéra Comiques, &c. *Rue Poissonniere*.

Ce Savant Compositeur possede si bien l'art de plier son génie à tous les différens genres de Musique qu'il a adoptés, en prendre les formes, & pour ainsi dire le costume, qu'aucun Musicien n'a rendu avec plus d'intelligence la Prosodie Françoise, & n'a mieux fait sentir l'énergie des passions & le pathétique du sentiment.

HAYDEN, un des plus célebres & des plus agréables Compositeurs pour le Concert Spirituel, a fait plusieurs Œuvres de Simphonie concertantes à grand Orchestre. Quatuor. Trio, & pieces détachées pour le clavecin. *A Vienne*.

Les Ouvrages de ce Virtuose, toujours gracieux & toujours variés, annoncent un génie inépuisable, aucun ne se ressemble, chacun a son caractere distinctif & semble s'identifier avec l'orchestre ; mais rien n'est comparable au superbe *Stabat Mater* qu'il a fait exécuter au Concert Spirituel, & dont la réussite la plus éclatante & le succès le plus déterminé l'ont fait juger digne d'être mis en paralelle avec celui du Pergoleze, qui, jusqu'alors, avoit été regardé comme un chef-d'œuvre inimitable.

JOUBERT (Organiste de la Cathédrale de Nantes). La *Ruine de Jérusalem*, ou le *Triomphe du Christianisme*, oratorio François. *La Force de l'habitude*, Opéra Bouffon.

ISO. *Phaetuse & Zémire*.

KOHAULT. Le *Serrurier*. La *Bergere des Alpes*. *Sophie*, ou le *Mariage caché*. La *Rosiere*.

LABORDE (de), Gouverneur du Louvre, Amateur & célebre Compositeur, est Auteur d'*Anette & Lubin*, paroles de M. Marmontel. *Ismene & Ismenias*. *Alix & Alexis*, paroles de Poinsinet. Le *Dormeur éveillé*. *Thétis & Pelée*. *Zenis & Almazis*. *Amphion*. La *Cinquantaine*. *Amadis*. *Adèle de Ponthieu*, en société avec feu M. Leberton. L'*Anneau perdu & retrouvé*. La *Meûniere de Gentilly*. Les *Amours de Gonesse*. *Gilles Garçon Peintre*. Les *Bons Amis*. Le *Chat perdu*. Le *Revenant*. La *Mandragore*. Le *Coup de fusil*. La *Chercheuse d'esprit*. *Fanny*. *Candide*. Le *Rossignol*.

Colette & *Mathurin*. Le *Billet de mariage*. *Jeannot* & *Colin*. Le *Projet*. Le *Privilege du Roi*, & autres Ouvrages dans lesquels on découvre toujours une Musique savante, ingénieuse & piquante. *Au Carousel*.

LAGARDE (de), Maître de Musique de la Chambre du Roi. L'*Acte d'Eglé*, paroles de M. de Laujon. La *Journée galante*, & plusieurs superbes Duo.

LARUETTE, pensionné de la Comédie Italienne, dont il a fait long-tems les délices, est Auteur de la Musique de l'*Ivrogne corrigé*. Le *Docteur Sangrado*. Le *Médecin de l'Amour*. Les *deux Comperes*. Le *Guy de chêne*. L'*Heureux Déguisement*, *&c.*

LASALLE (le Marquis de), Amateur. L'*Amant corsaire*.

LEERMANN. Le *Songe de Voltaire*, avec accompagnement de Harpe, & plusieurs Quatuor.

LEGAT DE FURCY, Maître de Vocale. La *Bergere rusée*. Une Méthode pour la Voix. Deux Solfèges, & plusieurs Recueils d'airs, avec accompagnemens. *Rue des Vieux Augustins*.

LEJAI. Les *Après-Soupé joyeux*, ou Recueil d'airs variés pour la guitare.

LEMOINE. *Electre*, à l'Opéra, paroles de M. Guilliard.

LENDORF. Plusieurs morceaux de Musique d'Eglise, avec accompagnemens d'Orgues & violons, & Quatuor pour le Clavecin.

LEPREUX (l'Abbé), digne Eleve & successeur de l'Abbé d'Audimont, & Maître de Musique de la Sainte-Chapelle, est Auteur de plusieurs *Te Deum* qui ont eu le plus grand succès, & a fait exécuter au Concert Spirituel un Motet & une Scène Sacrée, qui ont ajouté beaucoup à la haute réputation qu'il s'est si justement méritée.

LISMORE (Milord DE), Amateur. Le *Maître d'Ecole*.

LOUIS (Madame). *Fleur d'Epine*.

MAISNIEZ (dit L'HUILLIER), Acteur de Province, a fait les *Vendangeurs*. *Le bon Pere*. *Le double Bienfait*. Et autres Pieces de Musique exécutées avec succès au Concert de Nantes.

MARTINI. Le *Fermier cru sourd*. *Henri IV*. *L'Amoureux de quinze ans*. Et plusieurs Œuvres de Divertissemens militaires pour la Clarinette, le Cor-de-chasse & Basson. *Rue du Sentier*.

MAYER, a fait la Musique d'*Amete* & *Zulmis*. L'Acte d'*Apollon* & *Daphnée*, Paroles de M. Pitro, & plusieurs Œuvres de Symphonies pour le Clavecin. Une Méthode & plusieurs Quatuor pour la Harpe; des Airs détachés, avec Accompagnement de Harpe & des Airs variés pour la Flûte.

MONSIGNY, Maître d'Hôtel de S. A. S. Monseigneur le Duc d'Orléans, Amateur & célebre Compositeur. Les *Aveux indiscrets. Le Maître en Droit. L'Isle Sonant. Le Faucon. Le Rendez-vous bien employé. Aline* ou *la Reine de Golconde. Felix* ou *l'Enfant trouvé. Le Roi & le Fermier. Le Déserteur. Le Cadi dupé. Rose & Colas. On ne s'avise jamais de tout. La belle Arsenne,*

Et autres Ouvrages qui ne font pas moins d'honneur au génie qu'au tact sûr & délicat, & au goût exquis qui regne dans toutes ses productions. Personne ne place plus a propos un air naïf & léger, tendre ou voluptueux, & ne sait mieux l'identifier, pour ainsi dire, au sujet qu'il veut peindre.

MOULINGHEN. Les *Nymphes de Vénus*, avec Accompagnement, & plusieurs Œuvres de Symphonies & Quatuor.

MOULINGHEN (Cadet). Les *deux Contrats. Le Mari Syphe. Horiphème. Le Vieillard amoureux. Les Ruses de l'Amour. Les Amans Rivaux. Les Talens à la mode. Le Mariage malheureux.* Et *Sylvain*, en société avec MM. *Legrand* & *Davesne.*

NESCIA (le Chevalier), Amateur. La *Surprise de l'Amour. Les Invalides de l'Amour.* Plusieurs Quatuor, &c.

PAESIELLO, célébre Compositeur, est Auteur de l'Opéra bouffon l'*Infantè Zamora. La Fresc'atana.* Et de plusieurs autres Opéra Italiens bouffons qui ont eu le plus grand succès en Italie.

PAPAVOINE. *Barbacole*, ou le *Manuscrit volé.* Et la Musique de plusieurs Patomimes à l'Ambigu-Comique.

PERSUIS (LOISEAU DE) Maître de Musique de la Cathédrale de Metz, a fait exécuter au Concert Spirituel plusieurs Motets de sa composition qui ont eu le plus heureux succès, notamment celui du *Passage de la Mer Rouge.*

PHILIDOR, un des plus habiles & des plus célébres Compositeurs, est Auteur des Opéra d'*Ernelinde. Persée. Zémire & Mélide.* Le *Bucheron.* Le *Sorcier.* Le *Quiproquo. Sancho Pança.* Les *Fêtes de la Paix. Tomes-Jones. Blaise le Savetier. L'Huître & les Plaideurs.* Le *Jardinier de Sidon.* Le *Jardinier supposé.* Le *Jardinier & son Seigneur.* Le *Marechal.* La *Nouvelle Ecole des Femmes.* Le *Bon Fils.* Le *Soldat Magicien.* Les *Femmes vengées.* Et le *Poëme Séculaire* d'Horace, donné consécutivement pendant cinq jours de suite, avec le même succès, au Concert Spirituel.

Cet illustre Virtuose joint à un style élevé, quoique naïf, un style chaud & fécond, que le goût dirige toujours d'une maniere neuve & agréable qui le met de niveau avec ce que l'Allemagne & l'Italie ont fourni de plus précieux en chaque genre. *Rue de la Michodiere.*

PICCINI,

MUSIQUE.

PICCINI, un des plus célébres & des plus habiles Compositeurs de l'Europe, est Auteur des Opéra de *Roland*. *Atys*. *La Bonne Fille*. *Iphigénie en Tauride*, Paroles de M. Dubreüil. *Adèle de Pontkieu*, Paroles de M. le Marquis de Saint-Marc. *Diane & Endymion*. *Le Faux Lord*. *Didon*. Et le *Dormeur évcillé*. Place Vendôme.

La Musique de ce Savant Compositeur est toujours pure & agréable, son chant facile & bien modulé, ses accompagnemens variés avec art & heureusement contrastés, réunissant le double mérite de joindre à l'expression la plus pathétique & la plus vraie, l'observation la plus exacte des regles de l'art.

Auteur d'un nombre infini d'Ouvrages précieux, ils sont tous variés de maniere à ne pouvoir juger que ce soit le même génie qui les ait produits. Savant dans la partie instrumentale, doux & profond dans la mélodie, il ne le cede en rien aux plus vastes génies ni aux plus parfaits Compositeurs.

POUTEAU, Organiste de Saint Jacques-de-la-Boucherie. La Musique d'*Alain & Rosette*, à l'Opéra. Et plusieurs Recueils d'Airs pour le Clavecin.

PRATI, Maître de Vocale pour le goût Italien, a fait l'*Ecole de la Jeunesse*. Et pnlsieurs Sonates pour le Clavecin, Cimbales & Cor-de-chasse. Quatuor pour la Flûte, & Recueils d'Airs en Rondeaux.

PROT, Quinte à la Comédie Françoise, est Auteur de la Musique du *Bal Bourgeois*. Le *Printemps*. Les *Rêveries*, Parodie d'*Iphigénie en Tauride*. Et plusieurs Sonates pour l'Alto. *Rue des Boucheries-S.-Germain.*

PRUDENT, Maître de Violon, a fait la Musique des *Jardiniers*.

RENAUD, ci-devant Maître de Musique de la Chambre de Sa Majesté Impériale de Russie, est Auteur de la Musique du *Clavier*, Opéra-Comique. Le *Mauvais Ménage*, &c.

REY, Maître de Musique de la Chambre du Roi, & de l'Orchestre à l'Opéra, est Auteur de la Musique d'*Apollon & Coronis*. Rue de Bourbon-ville-neuve.

RIGAD. *Zelie & Lindor*.

RIGEL, célébre Compositeur du Concert Spirituel. *Blanche & Vermeil*. *Rosanie*. Le *Savetier* & le *Financier*. L'*Automate*, & plusieurs Œuvres de Symphonies & Quatuor. *Rue Neuve-S.-Roch.*

Ses deux Oratorio, *la Sortie d'Egypte* & *la Destruction de Jérico*, remplis de motifs ingénieux, de contrastes & d'oppositions piquantes, décelent un Artiste dont l'esprit, enrichi par l'étude de son art, s'anime & s'échauffe au gré du sujet qu'il traite. Son style, dans chacun de ses Ouvrages, est pur, sa facture est savante, sa composition pleine d'idées, ses accompagnemens bien entendus, sa mélodie facile & gracieuse, & toutes ses productions variées & pittoresques.

Rochefort, Maître de Composition de l'Académie Royale de Musique, & Maître de la Chapelle de S. A. S. M. le Landgrave régnant de Hesse-Cassel. *Arianne*. La *nouvelle Isle des Foux*. *L'Esprit de Contradiction*. *La Force du sang*. La *Cassette*, &c. A l'Opéra, l'*Inconnue persécutée*. En société avec M. *Fossi*, *Daphnis* & *Florus*, Pastorale. Aux grands Danseurs de Corde l'*Enlévement d'Europe*. Aux Eléves de l'Opéra, la *Jérusalem délivrée*. La *Pantoufle*. *Adélaïde*. Ballet dans la Prise de la Grenade. L'*Anti-Pigmalion*, Comédie. A l'Ambigu-Comique, *Dorothée*. A la Cour d'Hesse-Cassel, la *Pompe funebre de Crispin*, Comédie. *Pirame* & *Tisbé*, Mélo-Drame, &c.

Rodolphe, Maître de Composition du Conservatoire, & premier Cor-de-Chasse de la Musique du Roi, a fait l'Acte d'*Ismenor*, à l'Opéra. Et l'*Aveugle de Palmire*, aux Italiens. *Cul-de-sac de la Fosse aux chiens.*

Roussier (l'Abbé), Amateur & savant Compositeur, est connu par plusieurs Symphonies & superbes Motets.

Sa Dissertation sur la Musique des anciens, & son Traité des accords & de leurs successions, selon le systême de la base fondamentale, pour servir de principes d'harmonie à ceux qui étudient la composition ou l'accompagnement de clavecin, suffisent pour justifier de la sublimité & de la profondeur de ses connoissances.

Sacchini, un des plus célébres Compositeurs de l'Europe, est Auteur de la délicieuse Musique de *la Colonie*. *L'Olympiade*. *Renaud*. *Chimène*. *Dardanus*. *Callirhoé*. *Le Cid*. *Montesuma*. *Persée*. *L'Avare*. *L'Amour Soldat*. Et de nombre d'autres Ouvrages également précieux en ce genre. *Rue Basse, Porte S. Denis.*

C'est d'après plus de vingt années d'un succès non interrompu, tant en Italie qu'en Allemagne & en Angleterre, que la France vient de fixer en cette Capitale cet Artiste inimitable, qui ne cesse de justifier par de nouveaux chef-d'œuvres la haute idée que ses premiers essais avoient donnés de la supériorité de son génie.

Saint-Amand, Maître de Musique du Conservatoire, a fait la Musique d'*Alvarez Mencia*. Le *Poirier*. Le *Médecin d'Amour*. La *Coquette de Village*, &c.

Saint-Georges, Amateur, Ecuyer, & Directeur de la Musique de Mme la Comtesse de Montesson, excellent Violon & Compositeur agréable, est Auteur, aux Italiens, de la Musique d'*Ernestine*. *La Chasse*, Opéra-Comique, & de plusieurs Symphonies, Quatuor, Sonates & Concerto.

Ce célèbre Virtuose est d'autant plus étonnant, qu'il réunit presque tous les talens & les exercices de corps au même dégré de perfection. Il joue supérieurement du violon, danse avec grâces, monte à cheval avec légereté, chasse avec adresse, & s'est toujours mesuré avec avantage contre les plus habiles Maîtres d'armes de l'Europe. *Chaussée d'Antin.*

SAUVIGNY (le Chevalier de), Amateur, est Auteur de la Musique des *Après-Soupés de Société*, petit Théâtre Lyrique & morale, &c.

SODY, Symphoniste, pensionné de la Comédie Italienne, a fait la Musique des *Troqueurs dupés*, Opéra-Comique.

TARADE, pensionné de l'Académie Royale, a fait la *Reconciliation Villageoise*; & plusieurs Sonates. Un Traité de Violon, & une Méthode de Principes pour la Clarinette.

VACHON, célèbre Violon à Londres, a fait la Musique de *Renaud d'Ast*, avec M. Trial. Seul: les *Femme* & *le Secret*. *Hippomène* & *Atalante*. *Sara* ou *la Fermiere Ecossaise*. Une partie d'*Esope à Cithere*. Et plusieurs Œuvres de Sonates & Quatuor.

VOGLER (l'Abbé), Maître de Chapelle de l'Electeur Palatin, a fait exécuter un Motet au Concert Spirituel, qui a eu le plus grand succès.

Cet habile Compositeur est particulierement renommé par la facilité & la rapidité avec laquelle il enseigne la composition & l'accompagnement à ses éleves, par une méthode de son invention qui lui est particuliere.

VANMALDER. La *Bagarre*, & plusieurs Œuvres de Symphonies périodiques, Trio, Sonates, &c.

VITO (le Pere), célébre Compositeur, est Auteur d'un *Stabat Mater*, regardé par tous les Virtuoses comme un chef-d'œuvre de composition qui a eu au Concert Spirituel le plus grand succès.

Ouvrages de quelques Auteurs décédés.

Amadis des Gaules, de BACH. La *Fausse délicatesse*, d'HINNER. Le *Compliment de Clôture* dans les Adieux de Thalie; l'*Aveugle par crédulité*; le *Sicilien* ou l'*Amour Peintre*, & les *Rivaux généreux*, de LE VASSEUR. *Traité d'Harmonie* & Dissertation sur les différentes Méthodes d'Accompagnement, avec une Méthode établie sur une Méchanique de doigts, à l'aide de laquelle on peut devenir savant Compositeur & habile Accompagnateur, par RAMEAU. *Silvie*; *Flore*, & *Regnaud d'Ast*, de TRIAL. Méthode de Musique Vocale, de LEMENU.

MUSIQUE.

COMPOSITEURS VIRTUOSES, AMATEURS ET MAÎTRES DE MUSIQUE VOCALE ET DE GOUT DU CHANT.

Quelques-uns des plus connus ſont ;

M M.

ALBANEZE, ordinaire de la Muſique de la Chapelle du Roi, & Compoſiteur agréable, connu par le *Dialogue Comique. La Diſpute. Le Bonheur ſuprême. La Vieille Coquette. L'Echo. Le Billet d'invitation. Le Bouquet refuſé. L'Eſpérance. L'Amour content. Viens chere Maîtreſſe. La Pinte en plomb. Le Porteur d'eau*, & nombre d'autres jolis airs pour la voix, avec accompagnemens de Guitare. *A Verſailles.*

AMANTINI, ordinaire de la Muſique de la Reine. *A Verſailles.*

Arnold a fait des Œuvres de Sonates.

Aſplemayer, idem. Œuvres de Quatuor. Trio. Duo, &c.

Aſtraudi. Concerto & Airs variés.

Baillon, ancienne Taille à l'Opéra, & Maître de Vocale, eſt Editeur du Journal de Guitare, de Violon, Alto & Violoncel. *Rue des Petits Champs & Richelieu.*

Bailleul, Maître de Vocale, tient une collection complette d'Opéra comiques, avec les partitions, & ſe charge de conduire l'Orcheſtre & les Acteurs dans les Fêtes particulieres où il eſt mandé. *Cloître Saint-Méry.*

BAILLEUX eſt Editeur d'un Journal d'Ariettes Italiennes, a fait *le Bouquet de l'amitié. Le prix de la Beauté. Boré & Orithie. Le Triomphe de l'Amour. Le Duo du Piquet. Le Duo de la Toilette. Les petits Concerts de Paris.* Pluſieurs *Solfèges ;* & une Méthode pour apprendre facilement la Muſique Vocale & inſtrumentale qui lui a mérité l'approbation de l'Académie Royale des Sciences. *Rue S. Honoré.*

BARBICCI a fait des Quatuor.

BARBELLA. Pluſieurs Duo & Sonates. *Rue du Bout du Monde, au coin de la rue Montmartre, chez l'Horloger.*

Bazire, Haute-Contre à Notre-Dame.

Bauvalet, ci-devant à l'Opéra, Maître de Vocale & de Goût du Chant.

BORDIER a fait deux Méthodes de Vocale.

Bos, Baſſe-Taille à Notre-Dame.

Bouillerot, Haute-Contre à la Sainte-Chapelle.

Boulard, Rue Saint-Honoré, près l'Hôtel d'Aligre.

Bouvard, Taille à l'Opéra.

Bralle, Taille à la Sainte-Chapelle.

MUSIQUE.

Brielle, Haute-Contre de l'Eglise de Paris, Maître de Vocale, est doué d'une voix très-agréable & chante avec beaucoup de goût.

BROSSARD est Auteur d'un Dictionnaire de Musique.

CANABITZ est connu par plusieurs Œuvres de Simphonie périodiques & concertantes, à grand Orchestre. Sonates & Concerto, exécutés avec succès au Concert Spirituel.

Castelin, Simphoniste pensionné de la Comédie Italienne.

Cavaillés, Haute-Contre au Concert Spirituel & à l'Opéra.

CHARDINI, Basse-Taille à l'Opéra, double les premiers rôles, & a eu le succès le plus complet dans *Chimene*, en jouant le rôle du Roi. *Rue de Vantadour.*

CHÉRON, Basse-Taille à l'Opéra, double les premiers rôles. *Rue S. Nicaise.*

Chevrier, Taille à Saint-Germain l'Auxerrois.

CANDEILLE, Basse-Contre, pensionné de l'Académie Royale de Musique, *Compositeur*, a fait plusieurs Motets qui ont été exécutés au Concert Spirituel.

Cleret, pere & fils, Tailles à l'Opéra, & Maîtres de Vocale.

Cochois, Basse-Taille à l'Opéra.

D'AUDIMONT (l'Abbé), Maître de Vocale des Saints Innocens, est connu avantageusement par ses superbes Motets, est généralement estimé par ses qualités morales.

David, Maître de Vocale, a fait une Méthode en ce genre.

Delbois, Haute-Contre à l'Opéra.

Delberg, Haute-Contre à l'Opéra.

Delori, Taille à l'Opéra.

DENIS a fait une Méthode pour la Vocale.

Dezaides. Rue de Richelieu, près le Boulevard.

DORIOT (l'Abbé), ancien Maître de Musique de la Sainte-Chapelle, a joui de la plus grande célébrité.

Duchant, Haute-Contre à l'Opéra.

Duchesne, Haute-Contre à Notre-Dame.

DUFRENEY, Haute-Contre à l'Opéra, double les premiers rôles.

DUGUET (l'Abbé), Maître de Musique à Notre-Dame.

DUPONT a fait une Méthode pour la Musique vocale & plusieurs Airs variés.

DUPRÉ, Basse-Taille à la Sainte-Chapelle, a fait des Sonates.

Durand, Basse-Taille, pensionné de l'Académie Royal de Musique.

Fagnani, Taille à l'Opéra. *Rue Boucher.*

FERAY, Haute-Contre à Notre-Dame, & *Compositeur.*

FERRET, Maître de Vocale, pensionné de l'Académie Royale de Musique, & Compositeur.

Fraichon, Basse-Taille à la Sainte-Chapelle.
Froment, Taille à Notre-Dame.
Foignet, Maître de Vocale, & Comp. *Quai de la Féraille.*
FOY Maître de Vocale, tient un cours public pour enseigner l'accompagnement, la composition & le contrepoint à ceux qui se destinent à occuper des places de Chantres d'Eglise.
Gardainville, Haute-Contre à la Sainte Chapelle.
Gazet, Fausset attaché au Concert Spirituel, & Musicien aux Saints Innocens, Maître de Vocale. *Rue aux Fers.*
Gelin, Basse-Taille, pensionné de l'Acad. Roy. de Musique.
Gibert, Maître de Composition & d'Accompagnemens. *A la Manufacture de Savonerie, près Chaillot.*
GIROUST, Surintendant de la Musique de la Chapelle du Roi, digne émule & successeur de l'Abbé de Gozargue. *A Versailles.*

Ce Virtuose est singulierement renommé pour la Musique d'Eglise. Ses talens, couronnés par les différens prix qu'il a remportés à l'Académie royale de Musique, nous dispensent de tout autre éloge à son égard.

Gontiés, Basse-Taille à Notre-Dame, Maître de Vocale, connu pour avoir chanté avec succès dans plusieurs Concerts. *A la Communauté, près le pont rouge.*
GOZARGUE (l'Abbé de), ancien Maître de Musique de la Chapelle du Roi, & Secrétaire du Cabinet de MONSIEUR. *A Versailles.*

Ce Virtuose est regardé comme un des plus savans Compositeurs du siecle pour les Motets.

Guichard, Taille à Notre-Dame, Compositeur; il est très connu par plusieurs Airs avec Accompagnemens de Harpe & de Guitare.
Hardouin, Taille à Notre-Dame.
Homel (l'Abbé), Maître de Musique de la Cathédrale, est connu avantageusement par plusieurs Motets de sa composition. *A Noyon.*
Huet, Haute-Contre, pensionné de l'Opéra.
Jouve, Haute-Contre à l'Opéra.
Jalaguet, Haute-Contre à l'Opéra.
Jaliot, Basse-Taille à l'Opéra.
Joinville, Taille à l'Opéra.
Itasse, Haute-Contre, pensionné de l'Opéra.
LAIS, Basse-Taille de l'Opéra & du Concert Spirituel. *Superbe voix.* Double les premiers rôles.
La Croix, Taille à la Sainte-Chapelle.
Larlac, Basse-Taille à l'Opéra.
LAINÉ, premiere Haute-Contre à l'Opéra, captive tous les suffrages par les graces & la noblesse de son jeu.

MUSIQUE.

Langlet, Maître de Vocale, attaché au Concert Spirituel, réunit, au mérite de la composition, la voix la plus agréable & le goût du chant le plus flatteur. *Rue de l'Université.*

LARRIVÉ, premiere Basse-Taille à l'Opéra.

Met dans son jeu tant d'intelligence, de noblesse, de force & de sentiment, que le Public, quoiqu'accoutumé à l'entendre, ne peut souvent s'empêcher de suspendre la scene par des transports d'applaudissemens. *Chaussée d'Antin.*

Larsonnier, Haute Contre à Notre-Dame.

LASALLE, Inspecteur & Secrétaire perpétuel, bréveté du Roi, de l'Académie Royale de Musique, &c.

LASUZE (de), premier Maître des Chœurs de l'Opéra pour les Rôles, & Maître de déclamation au Conservatoire.

Laver, Basse-Taille de la Sainte-Chapelle.

Laurens, Basse-Taille aux Saints-Innocens.

Lebault, Basse-Taille à Notre-Dame.

Lebreton, Haute-Contre aux Saints-Innocens.

Lecoq, Basse à Saint-Germain l'Auxerrois, Maître de Vocale.

Lecuyer, Basse-Contre, pensionné de l'Opéra, est Auteur d'une Méthode sur les principes de l'Art du Chant, suivant les regles de la Prosodie Françoise.

Legrand, Basse-Taille à l'Opéra, a fait des Sonates pour le Clavecin.

LEGROS, Pensionnaire du Roi & de l'Académie Royale de Musique, Entrepreneur & Directeur Général du Concert Spirituel.

Ce Virtuose, ci-devant premiere Haute-Contre à l'Opéra, réunit au mérite de la composition & aux qualités physiques du personnel, une des plus belles voix qui se soit jamais fait entendre sur la scene lyrique de cette Capitale.

Lepreux (l'Abbé), Maître de Musique à la Sainte-Chapelle.

Leroux (freres), Tailles à l'Opéra.

Levasseur, Taille à Notre-Dame.

MARGHETTI, à chanté au Concert Spirituel, avec succès plusieurs morceaux d'Ansossi & de Sacchini.

Martin, Haute-Contre à l'Opéra, & digne Eléve de M. Parent.

Sa maniere de chanter toujours simple, mais prononcée avec un art fini & un goût enchanteur, fait concevoir à son égard les plus flatteuses espérances.

Martin, Basse-Taille à l'Opéra.

MEON, Taille à l'Opéra, & Maître de Chant des Chœurs.

Merlin, Haute-Contre à Notre-Dame.

Monteze (Camille), Maître de Vocale & Compositeur.

MOREAU, Basse-Taille à l'Opéra, joue les premiers rôles avec succès.

Moulin, Haute-Contre à l'Opéra.

Muguet, ancienne Haute-Contre, pensionné de l'Académie Royale de Musique.

MURGEON, Faucet, attaché à la Comédie Italienne, & chantant seul au Concert Spirituel.

NOBLEAUX, Basse-Taille à Saint-Germain-l'Auxerois. *superbe voix.*

PARENT, second Maître des Chœurs à l'Opéra, & chargé d'enseigner les Rôles.

Son goût, son intelligence, & les progrès rapides de ses Eleves, font l'éloge de ses talens & de son aptitude dans l'art d'enseigner le goût du chant.

PERÉ, Coriphée de l'Opéra, double les premiers Rôles.

PHILIPPE, à la Comédie Italienne.

Cet Acteur, doué d'une figure intéressante, semble avoir généralement captivé les suffrages du Public, par le timbre simple & moëlleux de sa voix, les grâces de son maintien & la sensibilité touchante avec laquelle il rend tous les morceaux de sentiment.

Possèlier, Basse-Taille à la Sainte-Chapelle.

Poussés, Basse-Taille à l'Opéra.

Prati, rue *Saint-Honoré*, aux Feuillants; Maître de Composition & d'accompagnement.

Prestat, Haute-Contre à Saint-Germain-l'Auxerois, ancien Maître de Musique de Senlis.

Quentin, Haute-Contre à Notre-Dame.

Rameau, rue des *Menetriers*, Taille, attaché au Concert Spirituel, & Maitre de Vocale.

Renaud, Basse-Taille à l'Opéra.

Rey, Basse-Taille de Chœur de l'Opéra; rue *Saint-Tomas-du-Louvre.*

RICHER, Maître de Musique & de goût du chant des Enfans de France.

Son organe brillant & flexible se prête à toutes les souplesses qu'exige la Musique Italienne pour la rendre avec tous ses charmes & ses agrémens.

ROCHARD, Maître de Musique Vocale, renommé pour le goût du chant Italien; attaché ci-devant à la Comédie Italienne, il en a fait les délices, par les charmes de la voix la plus agréable, & l'expression la plus touchante.

ROLLET, a fait une méthode en deux parties, pour apprendre en quatre-vingt leçons, la Musique, sans transposition, sur toutes les clefs, toutes les mesures & tous les tons usités dans la Musique.

ROVEDINI,

Rovedini, Basse-Taille, d'un beau timbre & d'une heureuse flexibilité, a chanté avec succès, au Concert Spirituel, un air Italien de Sacchini.

Rousseau, une des plus belles Haute-Contre de l'Opéra, joue les premiers Rôles.

Roze (l'Abbé), ancien Maître de Musique des Saints-Innocens, est singulierement renommé pour le goût du Chant.

Sallo, Haute-Contre à Saint Germain l'Auxerrois.

Salomon, a chanté au Concert Spirituel avec succès, & fait plusieurs Sonates.

Sanes (le Baron de) Amateur, a fait plusieurs œuvres de Symphonies & trio.

Sarti, a fait plusieurs œuvres de Symphonies, airs variés & Opéras Italiens, dont on connoît plusieurs airs.

Tacusset, Taille de l'Opéra, & Maître de Vocale.

Tartini, célébre violon, a fait plusieurs œuvers de Sonates, pour cet Instrument, & une méthode pour la Musique vocale.

Tirot, à Reims, ancienne Haute-Contre pensionné de l'Opéra.

Tissier, à l'Opéra, second Maître de Musique pour battre la mesure, a fait un recueil d'airs arrangés pour le Violon & la Harpe.

Toeschy, célébre Compositeur, a fait plusieurs œuvres de Symphonies.

Tous les Ouvrages de ce Virtuose présentent, chacun en particulier, le plus charmant tableau. Ses sujets, pleins de grâces & de noblesse, sont soutenus & variés par une imagination brillante & un goût recherché; mais ce qui le distingue sur-tout des autres Symphonistes, c'est l'art de faire dialoguer les instrumens & de les mettre tous en scene, sans nuire à l'expression de la mélodie.

Torey, Basse-Taille à la Sainte-Chapelle.

Torlez, a fait des Principes pour la voix, la Vielle & l'instruction des Serins.

Touvoy, Basse-Taille à l'Opéra.

Valon, Basse-Taille à l'Opéra.

Varlet, Basse-Taille à Notre Dame, enseigne la Vocale.

Vavasseur, Basse-Taille à la Sainte-Chapelle.

Vernier, pere, Carrefour de Bussy, répétiteur de Clavecin.

Vilmare.

MUSIQUE.

CANTATRICES.

Quelques-unes des plus connues ſont :

Meſdemoiſelles.

AUDINOT (Mademoiſelle), Cantatrice eſtimable par la légereté de ſa voix, la facilité de ſon maintien & la fineſſe ingénieuſe de ſon jeu.

BURET (Mademoiſelle), Cantatrice à l'Opéra, réunit à un ſon de voix ſonore & brillant, un chant fléxible & léger, une prononciation nette & un goût exquis.

BURET (Mademoiſelle), Cantatrice de la Comédie Italienne, a chanté ſeule au Concert Spirituel, avec le plus grand ſuccès.

Châteauvieux (Mademoiſelle), à l'Opéra, double les premiers Rôles.

CIFOLELLI (Mademoiſelle), Actrice du Théâtre Italien, réunit à une voix très-étendue, une figure agréable & une taille ſvelte & élégante.

Dozon (Mademoiſelle), Cantatrice à l'Opéra, double les premiers Rôles.

DUPLANT (Mademoiſelle), célébre Cantatrice, penſionnée de l'Académie Royale de Muſique.

A rendu tous les rôles majeſtueux ou à baguette dont elle étoit chargée, avec ce dégré d'expreſſion & de ſenſibilité qu'exige la Muſique imitative & théâtrale.

Gavaudan (Mademoiſelle), Cantatrice à l'Opéra, double les premiers Rôles.

Girardin (Mademoiſelle), Cantatrice à l'Opéra.

Joinville (Mademoiſelle), Cantatrice à l'Opéra, double les premiers Rôles.

Lacaille (Mademoiſelle), à l'Opéra, joint à une connoiſſance réfléchie de la ſcene, une voix très-exercée, très-ſouple & très-agréable.

LEBRUN (Madame), ci-devant connue ſous le nom de Mademoiſelle *Dantzi.*

Cette célebre Cantatrice, une des plus parfaite qui ſe ſoit jamais fair entendre au Concert Spirituel, a oſé y défier un haut-bois dans un Concerto dialogué.

Sa voix, non moins rapide que l'inſtrument, auſſi juſte dans ſes intonnations, auſſi hardie dans ſes écarts, s'eſt élancée à la même hauteur, & y a battu la même cadence. Cet effort ſurnaturel de la voix lui a mérité du Public les applaudiſſemens les plus vifs & les plus bruyans.

MUSIQUE.

Lonjeau (Mademoiſelle), ci-devant à l'Académie Royale de Muſique, & maintenant premiere Cantatrice à l'Opéra de Bordeaux.

LEVASSEUR (Mademoiſelle), premiere Cantatrice à l'Opéra.

MARA (Madame).

Premiere Cantatrice de l'Opéra de Berlin, & ſans contredit une des plus belles voix de l'Europe, a chanté au Concert Spirituel pluſieurs grands airs Italiens, dans leſquels elle a développé toute l'étendue, la légéreté & les nuances de la voix la plus agréable, la plus mélodieuſe & la plus parfaite qui ait jamais été entendue au Concert Spirituel.

MELIANCOURT (Mademoiſelle).

Jeune Virtuoſe à la Comédie Italienne; a chanté avec un très-grand ſuccès au Concert Spirituel, & vient de captiver tous les ſuffrages dans le rôle de la Servante Maîtreſſe, par la légereté de ſa voix & la fineſſe de ſon jeu.

RENAUD (Mademoiſelle).

Jeune Cantatrice; a étonné le Public par l'étendue de ſa voix. L'eſſor aſſuré qu'elle lui a fait prendre dans l'air de Sacchini, qu'elle a chanté au Concert Spirituel, annonce un ſuperbe organe, de la facilité, beaucoup de juſteſſe & une très-grande légéreté.

Roſalie de la Roche (Mademoiſelle), Cantatrice à l'Opéra, double les premiers Rôles. Rue de *Bourbon-Villeneuve*.

SAINT-HUBERTI (Mademoiſelle), premiere Cantatrice de l'Opéra. *Boulevard du Dépôt*.

Cette Actrice, ſublime dans tous les rôles qu'elle rend ſur la ſcene, s'eſt ſurpaſſée elle-même dans celui de *Didon*, où elle peint tour-à-tour, par l'expreſſion la plus vraie & la plus touchante, le délire & l'accablement du cœur.

TODI (Madame), une des plus célébres Cantatrices de l'Europe, s'eſt fait entendre pluſieurs années avec un égal ſuccès au Concert Spirituel.

Cette Virtuoſe joint au plus bel organe une ame ſenſible & un goût exquis. Sa voix tendre & plaintive fait retentir au fond du cœur le cri de la nature, & met en action tous les reſſorts de l'ame.

MUSIQUE.

COMPOSITEURS VIRTUOSES, AMATEURS ET MAÎTRES DE MUSIQUE POUR LES INSTRUMENS A CORDES ET A CHEVALET.

Quelques-uns des plus connus ſont :

M M.

Allard, rue du Mail.

Alleaume.

Avolio, a fait des Quatuor, Sonates & airs variés.

Barier, a fait des œuvres de Symphonies concertantes, des concerto & pluſieurs recueils d'airs ſimples & en Duo.

Baudoin, Cul-de-Sac de la Corderie.

Baron, excellent Violon d'Orcheſtre & d'accompagnement ; rue *de l'Univerſité*.

BAUDRON, premier Violon de la Comédie Françoiſe, a fait la Muſique pour le divertiſſement du *Roi de Cocagne*, celle de *Pygmalion*, & de pluſieurs autres pieces.

On regrette que ce charmant Compoſiteur n'exerce point ſes talens ſur la ſcene lyrique. *Rue Guénégaud*.

Bayon, rue Neuve Saint-Roch, près la rue des Petits-Champs.

BERTEAUME, excellent violon, à executé avec ſuccès, au Concert Spirituel, pluſieurs Sonates de ſa compoſition, rue *Neuve-des-Petits-Champs*.

Bertrand, rue de Seine, vis-à-vis la Tour-d'argent.

BLASIUS, a fait des Duo, & a exécuté au Concert Spirituel, un Concerto de violon de ſa compoſition, avec le plus grand ſuccès.

Bock (Capitaine), Amateur, a fait pluſieurs trio.

Bonnay, Violon à l'Opéra.

Bonneau, rue Bourtibourg, chez l'apothicaire.

Bornet l'aîné, penſionné de l'Académie Royale de Muſique ; eſt éditeur & redacteur du Journal du Violon ou d'airs choiſis, dans les recueils ; nouvelles pieces de Muſique des meilleurs Maîtres. Rue *des Prouvaires*.

Bornet, cadet, à l'Opéra.

Boubert, Maître de Violon & de Violoncel ; a fait pluſieurs œuvres de Symphonies. *Rue du Temple*.

Bouré, a fait une Inſtruction muſicale, une Game pour le violon & la flute, & une étude de violon, arrangé en duo.

BRUNETTI, a fait des ſextuor, des trio & ſonates, & a exécuté pluſieurs concerto de violon, avec ſuccès, au Concert Spirituel.

BRUNI, a fait pluſieurs duo & quatuor, & a joué au Concert Spirituel, pluſieurs concerto de violon de ſa compoſition, dans l'exécution deſquels on a remarqué un bec à plomb, une vigueur de doigt & d'archet peu commune, & une mélodie variée & phraſée avec un art infini ; rue *Neuve-des-Petits-Champs.*

Caune, Violon de l'Opéra.

CHABANON (de), Amateur, excellent violon, eſt auteur de la Muſique d'*Alexis* & *Daphnée*, & de pluſieurs pieces de Clavecin ; rue *Saint-Marc.*

Chabran, rue du Bac, entre la rue de Grenelle & la rue Saint Dominique.

Chalon, Violon de l'Opéra & du Concert Spirituel ; rue *de la Limàce.*

Champion, penſionné de l'Académie Royale de Muſique. Tient chez lui des Concerts particuliers ; rue *des vieux-Auguſtins.*

Chanlaire, rue Neuve Saint-Etienne, porte Saint-Denis.

Chapelle, Violon de la Comédie Italienne & du Concert Spirituel ; a fait la muſique du *Jardinier*, Opéra comique, & pluſieurs duo ; rue *du Bouloir*, au coin de la rue *Croix-des-Petits-Champs.*

CHARTRAIN, excellent violon, eſt auteur de la muſique du *Lord ſuppoſé*, & de pluſieurs œuvres de Symphonie concertante, quatuor, trio, duo, ſonate & concerto, à grand Orcheſtre, très eſtimée.

On a entendu l'année derniere au Concert Spirituel une Ode de J. B. Rouſſeau, dont il étoit Auteur de la Muſique, qui a eu le plus grand ſuccès. *Rue de la Comédie Françoiſe.*

Chau'et, Répétiteur à la Comédie Françoiſe ; rue *des Foſſés-Saint-Jacques.*

CORELLI, célebre violon & compoſiteur renommé par ſes ſuperbes ſonates, connue ſous le nom *de Gignès.*

Corſin, maître de violon, & de Viole d'amour ; rue *Saint-Denis*, à la Barbe d'or.

CRAMER, célébre violon, a fait des trio, ſonates & concerto.

Cuniſti, violon à la Comédie Françoiſe ; rue *Saint-Antoine*, vis à-vis la Baſtille.

Dalaincourt, à la Comédie Françoiſe ; cul-de-Sac *des Peintres.*

Debar, violon, penſionné de l'Opéra, a fait pluſieurs duo, avec variation ; rue *Neuve-Saint-Roch.*

Deblois, rue Cadet.

Debois, Compoſiteur de la Comédie Italienne.

Deſmarais, violon à la Comédie Françoiſe. *Rue des Foſſés-S.-Germain.*

DESPREAUX, premier violon, retiré & penſionné de l'Opéra, a fait pluſieurs Œuvres de ſonates pour le violon & le clavecin ; rue de *Cléry.*

Devaux, répétiteur à l'Opéra, rue *Notre-Dame-Nazareth.*

Dublanc, a fait trois recueils pour deux violons.

Dubois, violon de l'Opéra & du Concert Spirituel, rue *Saint-Honoré.*

Dubois, pour les Bals de la Cour. Rue *du Four-S.-Honoré, au Café.*

DUDRENEUE (le Chevalier), Amateur, excellent violon & compositeur, rue des *Saints-Peres.*

DUPONT, premier violon du Concert de cette ville, a fait différents airs variés & une méthode pour la musique vocale, à *Dunkerque.*

Durieu, excellent Maître de violon, ci-devant attaché au Concert Spirituel, & à celui des Amateurs, & marchand de Musique, est éditeur d'un Journal d'ariettes Italiennes du meilleur choix, parodiées, & dediées à Madame la Duchesse de Bourbon. Rue *Dauphine.*

ECK, ordinaire de la Musique de l'Electeur Palatin, a exécuté avec succès au Concert Spirituel, plusieurs concerto de violon de sa composition.

Erthaud, violon à l'Opéra. Rue *du Sentier.*

Fanteski. Rue de Seine.

FERET, pour les Bals de la Cour, tient Salle de danse les Fêtes & Dimanches. Rue *de la Huchette.*

Cet Artiste est connu depuis plus de dix ans pour la conduite & l'exécution des Contredanses & Pot-pouris. Il joint à ce talent celui de montrer à danser & à figurer, & enseigne la Mandoline.

Fillon, violon de la Comédie Françoise. A l'*Abbaye Saint-Germain.*

Fleury, Eleve de M. Durieu, violon de la Comédie Françoise. Rue *des Boucheries-Saint-Germain.*

FODOR, excellent violon, a exécuté au Concert Spirituel avec succès, plusieurs concerto de sa composition, & fait plusieurs sonates de clavecin à quatre mains, & recueil d'airs variés, avec beaucoup de goût & d'intelligence. Rue *du Fauxbourg Saint-Denis.*

FONTAINE, l'aîné, à l'Opéra, a joué au Concert Spirituel. Rue *des Poulies.*

Fontaine cadet, violon à l'Opéra. Rue *Saint-Honoré*, au Café Anglois.

Fouquet ou *Fouchetti*, rue Saint-Martin, au coin de celle des Menetriers.

FRANTZEL, célebre violon, a fait plusieurs Œuvres de Symphonies à huit parties, quatuor & concerto.

Froment, à l'Opéra, a fait deux Symphonies pour le Concert Spirituel. Rue *& Chaussée-d'Antin.*

Garnier, rue du Champ fleury.

GAVINIÉS, célébre Violon, a fait la Musique du *Prétendu*, & plusieurs Sonates & Concerto.

Le jeu de ce Virtuose est onctueux, brillant, plein d'expression & de sensibilité, & les talens rapides & distingués de ses Eleves, ne sont gueres moins glorieux pour lui que les siens mêmes. *Rue Saint-Thomas-du-Louvre.*

Geminiani, a fait une Méthode pour le Violon.

GERVAIS, rue *Neuve Saint-Eustache.* N°. 42.

Jeune Virtuose dont les talens ont été très-goûtés au Concert Spirituel.

Les sons brillans & purs qu'il tire de son instrument donnent lieu d'espérer qu'il pourra être dans peu l'émule du célebre Fraentzel dont il est l'éleve.

Glachant, Violon à l'Opéra. Plusieurs Trio, & Recueils d'Airs, avec & sans Accompagnement. *Pont Marie.*

Gronnemann, rue de Grenelle Saint-Honoré, maison du Vitrier.

GROSS, premier Violon de S. A. R. le Prince de Prusse, a joué au Concert Spirituel un Concerto de sa composition, & a fait plusieurs autres Œuvres de Symphonies, Concerto, Trio, & Duo de Harpe & de Clavecin.

GUENIN, premier Violon de l'Opéra; rue *Saint-Louis Saint-Honoré.*

GUERILLOT, rue *de l'Université, Hôtel de Villeroi.*

Virtuose dont les talens, admirés dans plusieurs Concerto qu'il a exécutés au Concert Spirituel, le placent au rang des plus grands Maîtres.

Guerin, rue Neuve Saint-Eustache.

HARAN, premier Violon de la Chapelle du Roi; *à Versailles.*

Herbain (le Chevalier), Amateur, a fait plusieurs Ariettes à grand Orchestre.

Hipolythe, a fait plusieurs Ariettes à grand Orchestre.

JARNOWICK, en Prusse, un des plus célébres Violons de l'Europe, a fait plusieurs Sonates & Concerto.

Le jeu libre, onctueux & précis de ce Virtuose dévore toutes les difficultés, ou plutôt rien ne lui résiste. On pourroit dire de lui qu'il possede supérieurement toutes les ressources d'un instrument qui est lui-même supérieur à tous.

ISABEY, a joué au Concert Spirituel un Concerto de Violon de la composition de M. *Jarnowick*, dans l'exécution duquel ce jeune Virtuose s'est fait remarquer par la précision & l'assurance de son jeu.

KAER, premier Violon du Concert Spirituel de S. A. S. le Prince des Deux-Ponts, a fait plusieurs Œuvres de Symphonies & Duo pour la Flûte, & Concerto.

Kamel, a fait des Sérénades pour trois Violons, & Quatuor, Duo & Concerto pour la Clarinette.

KRUTZER, digne Eléve du célébre Antoine *Stamitz*, a exécuté au Concert Spirituel, sur le Violon, un Concerto de son Maître, avec une grace & une précision qui lui ont mérité du public les plus vifs applaudissemens.

Lacuisse, pour les Bals de la Cour.

Lahante, pour les Bals de la Cour, & Compositeur. Rue *des Francs-Bourgeois.*

Landrin, pour les Bals de la Cour. Rue *des Boucheries Saint-Germain.*

LAHOUSSAYE, premier Violon du Concert Spirituel & de la Comédie Italienne.

Ce Virtuose réunit à la noblesse de son jeu une expression flatteuse & délicate qui ravit & ne fait qu'ajouter chaque jour au desir ardent que le Public a de l'entendre jouer seul.

Lalance, rue de Bussy, au petit Hôtel d'Angleterre.

Lambert, rue Jean-Saint-Denis, chez le Foureur.

Lencès, rue du Champ-Fleury.

LARRARE (le Marquis de), Amateur, excellent Violon. Rue *de la Feuillade.*

Lebel, rue des Gravilliers.

Leberton, à la Comédie Italienne.

LÉCUYER, premier Violon du Concert de Madame la Comtesse de Montesson.

Leduc, Editeur du Journal de Harpe & de Clavecin. Rue *Traversiere.*

LEFEVRE.

Ce jeune Virtuose a joué plusieurs fois au Concert Spirituel & justifié que dans un âge où l'on ne peut, tout au plus, donner que des espérances, il pouvoit être placé à côté des Artistes qui se sont fait une réputation brillante, & dont le tems a affermi la célebrité.

LEJEUNE, premier Violon du Concert de M. le Comte d'Albaret. Rue *des Martyrs.*

Lemaire fils, Violon à l'Opéra, & Maître de Pardessus-de-Viole. Rue *Saint-Jacques.*

Lenoble, excellent Violon, a fait plusieurs Quatuor, Concerto & autres morceaux de Musique, très-estimés. Rue *d'Artois.*

Lescot, Violon de la Comédie Italienne & Compositeur. Rue *du Rempart Saint-Honoré.*

Levasseur, rue Neuve Saint-Eustache, à l'Hôtel d'Anjou.

LOCATELLI, célébre Violon, a fait plusieurs Sonates, très-estimées, singuliérement celles connues sous le nom de *Caprices.*

Lochon,

Lochon, Carrefour de Bussy.

LOLLI, célébre Violon, a fait plusieurs Sonates & Concerto.

Loullier, Violon de la Comédie Italienne.

Manichon, rue Gît-le-cœur, à l'Aigle d'or.

Mahoni, a fait des Trio & Recueil de Duo & de Serénades pour trois Violons.

Maillard, rue des Filles-Dieu, maison du Serrurier.

Mathieu, à Versailles, premier Violon de la Musique du Roi, & Compositeur.

Marchal l'aîné, rue des Moulins, Butte Saint-Roch.

Mayer, rue des Moineaux.

Mays, a fait plusieurs Recueils d'Ariettes périodiques.

Maze, rue Coquilliere.

Meunier, a fait des Duo; rue *des Boucheries Saint-Germain*, chez le Chapellier.

Michaud, Violon à l'Opéra, a fait des Duo, Sonates & Recueil d'airs variés, pour le Violon. Rue *des Mauvais-Garçons*.

Miroglio, a fait plusieurs Œuvres de Symphonies à grand Orchestre, Duo, &c. Rue *des deux Portes Saint-Sauveur*.

Montgenot, Rédacteur de plusieurs Recueils d'Ariettes & Airs détachés, avec Accompagnement de Violon & de Clavecin.

Morange, à l'Opéra.

Moulinghen, Violon de la Comédie Italienne, est Auteur de la Musique & des Accompagnemens des *Nymphes de Vénus*, & de plusieurs Œuvres de Symphonies & Quatuor.

Moustourne, rue Dauphine.

Mozart, Compositeur du Concert Spirituel, a fait une Méthode pour le Violon, & plusieurs Sonates & Concerto de Clavecin.

Muler, a fait des Sonates pour le Violon & la Basse.

Navoigille, excellent Violon, a fait plusieurs Œuvres de Symphonies & Quatuor. Rue *de la Chaise*.

Pajin, excellent Violon, digne Eléve du célébre *Tartini*, est supérieur sur-tout dans le *Cantabile* & l'*Adagio*. *Au Marais*.

Paris (de), Violon, pensionné de l'Académie Royale de Musique; rue *du Chantre*.

Paxton, a fait des Sonates pour deux Violons.

PERIGNON, excellent Violon, a exécuté au Concert Spirituel une Simphonie concertante qui lui a mérité les suffrages du public, qui regrette de ne point l'entendre plus souvent; cet Artiste joint, à beaucoup de netteté, une justesse dans l'intonation, & une belle qualité de sons qui le mettent au rang des plus célebres Virtuoses. *Rue Platriere, Hôtel de Bourbon*.

PETRONARD cadet; ce jeune Artiste a exécuté au Concert

Spirituel un Concerto sur le Violon, qui annonce les plus heureuses dispositions, & lui a mérité du public les plus vifs applaudissemens.

Phelippeaux. Rue Saint-Dominique, à la Rafinerie de Berci.

PIELTAIN, Eleve & digne Emule du célebre Jarnowick, a fait entendre sur le Violon, au Concert Spirituel, plusieurs morceaux de Musique de sa Composition qu'il n'a pas exécuté avec moins d'aisance, de légéreté, de délicatesse & de perfection, que son Maitre.

Pollet l'aîné. Cloître Saint-Médéric.

Pradere, Violon du Concert Spirituel. *Rue Montmartre.*

Prot. Rue Saint-Honoré, près la rue Saint-Louis.

PUGNIANI, premier Violon ordinaire de Sa Majesté le Roi de Sardaigne, & célebre Compositeur, a fait plusieurs Simphonies concertantes. Quintetti. Quatuor. Trio. Duo. Sonates & Concerto pour la Clarinete.

On peut aisément se convaincre du mérite personnel de ce célebre Virtuose, si on en juge d'après les sublimes talens de M. Viotti son éleve.

Rameau, Violon de la Comédie Françoise, & Maître de Vocale. *Rue des Ménetriers.*

Robert, Violon du Concert Spirituel. *Aux Champs Elisées, près le Colisée.*

Robinot. Rue des Vielles Garnisons.

Rose, Pensionné de la Comédie Françoise. *Rue Traversiere Saint-Honoré.*

Rosetti, excellent Violon, a fait plusieurs Quatuor. Sonates & Concerto pour ces instrumens la Flûte & le Cor-de-Chasse. *A Saint-Pétersbourg.*

Rostene a fait des Trio.

ROUSSEAU l'aîné, premier Violon du Concert de M. le Comte d'Albaret. *Rue des Martyrs.*

SAINT-GEORGES (le Chevalier), Amateur, Ecuyer de Madame la Comtesse de Montesson, & Directeur de son Concert, excellent Violon & Compositeur, a fait plusieurs Simphonies. Quatuor. Sonates & Concerto pour cet instrument.

Ce Virtuose, qui excelle dans tous les talens comme dans tous les exercices de corps, est d'autant plus estimable, que sa modestie & son affabilité égalent sa bravoure. *Voyez* AUTEURS, &c.

Sallantin cadet. Rue Saint-Dominique, n°. 25.

Sodi. Rue de Cléri-Villeneuve, au Lion d'or.

STAMITZ (Charles) a fait des Simphonies. Duo & Sonates pour l'Alto, & Quatuor & Concerto pour la Clarinete.

STAMITZ (Antoine) a fait plusieurs Sonates.

Stumpff, excellent Violon. Plusieurs Œuvres de Simphonie concertante. Quatuor. Trio & Concerto à grand Orcheſtre.

Tarade, excellent Violon, Penſionné de l'Académie Royale, a fait pluſieurs Sonates. Un Traité de Violon, & une Méthode de principes pour la Clarinette.

TARTINI, célebre Violon. Œuvres de Sonates & Méthode pour la Vocale.

Thomelin le jeune. Rue Saint-Antoine, vis-à-vis la rue Clocheperche.

VACHON, célebre Violon, Compoſiteur, a exécuté au Concert Spirituel, pluſieurs morceaux de ſa Compoſition qui lui ont mérité les vifs applaudiſſemens.

Welcker. Rue des Boucheries, Fauxbourg Saint-Germain.

VERNIER, fils.

A fait exécuter un Concerto de Violon de Jarnowick, dans l'exécution duquel on a admiré la connoiſſance que ce jeune Artiſte a acquiſe de cet inſtrument, la facilité avec laquelle il le parcourt, & la juſteſſe, la préciſion & la netteté des ſons qu'il en fait tirer. *Rue des Mauvais Garçons.*

Vielh, excellent Violon d'Orcheſtre & d'Accompagnemens. *Rue Saint-Claude, porte Saint-Denis.*

Vincent, Violon des Bals de la Cour, a fait pluſieurs Recueils d'Allemandes, Menuets & Contredanſes très-recherchés.

VIOTTI, Eléve & digne Emule du célebre Pugniani, a exécuté avec ſuccès, au Concert Spirituel, pluſieurs Concerto de ſa compoſition, qui lui ont mérité les plus vifs applaudiſſemens. *Rue de Richelieu, Hôtel de Chartres.*

Wibaut. Rue Froidmanteau, Hôtel de Flandres.

Pour la Quinte ou Alto.

Benoît, Alto à l'Opéra. *Rue Saint-Nicaiſe.*

Coppeau, Alto & Timbalier à l'Opéra. *Rue au Maire.*

Douay, Alto de l'Opéra & du Concert Spirituel.

Huguet, Alto de la Comédie Italienne. *Rue Saint-Denis.*

Ledet, Quinte de la Comédie Françoiſe. *Rue du Théâtre François.*

Lumiere, Alto à l'Opéra. *Rue Thibautodé.*

Mazoni, Quinte à l'Opéra.

Pouſſin, Alto à l'Opéra. *Rue de l'Arbre ſec.*

Prot, Quinte à la Comédie Françoiſe, a fait pluſieurs Sonates pour l'Alto. Voyez Auteurs & Compoſiteurs, &c.

Thevenot, Quinte à la Comédie Italienne.

Viole d'amour & par-deſſus de Viole.

Corſin, pour la Viole d'amour. *Rue Saint-Denis, à la Barbe d'or.*

MUSIQUE.

Decaix, Maître de Pardeſſus de Viole. *Rue du Sentier.*

Doublet, idem. *Rue Sainte-Anne, au coin de la rue de Langlade.*

Milandre a fait une Méthode pour la Viole d'amour, avec une ſuite d'Airs connus, & arrangée pour cet inſtrument.

Baſſe ou Violoncel & Contrebaſſe.

Amé, Maître de Violoncelle & de Ciſtre. *Rue des petits Carreaux.*

Aubert, Maître de Violoncelle, de Harpe & de Guitarre, a fait pluſieurs Sonates & Concerto pour le Violoncel, &c. *Rue Phelipeaux.*

BERARD, premier Violon de la Comédie Italienne, a fait un Recueil d'airs pour la Guittare. *A Mouſſeaux.*

BERTHAUD, célébre Violoncelle, a fait pluſieurs Sonates & Concerto pour cet inſtrument, &c.

BOUTROY, violoncelle & Contre-Baſſe au Concert Spirituel & à l'Opéra, & Maître de compoſition & de Clavecin. *Cul-de-ſac Thevenot.*

BRÉVAL l'aîné, a exécuté ſur le Violoncelle au Concert Spirituel, pluſieurs Concerto de ſa compoſition, & fait différens Trio & Quatuor. *Rue Feydeau.*

BRÉVAL cadet, a exécuté au Concert ſpirituel une ſymphonie concertante, qui lui a mérité de grands applaudiſſemens ; il eſt attaché à M. le Comte d'Ogny. *Rue de Richelieu, près le Café de Foi.*

Camouche. Rue des Boucheries-Saint-Germain, Hôtel de Hambourg.

Canavas, ordinaire de la Muſique du Roi. *Rue Poiſſonniere après le Boulevard.*

Cardon. Rue Françoiſe.

Chantier. Hôtel Soubiſe.

Chappellet, Violoncelle & Maître de Vocale eſt un des plus grands Lecteurs de Muſique. *Rue des Mathurins, Hôtel de Cluni.*

Chrétien, Violoncelle de la Chapelle du Roi. *A Verſailles.*

CIRRI. a fait pluſieurs ſymphonies à grand orcheſtre, Sonates & Airs variés pour le Violoncelle & Concerto pour la Flûte.

Cupis l'aîné, Eleve & digne émule du fameux Berthaud, a fait un Recueil d'Airs choiſis pour le Violoncel, & une Méthode très-eſtimée pour cet inſtrument. *Barriere des Porcherons.*

Cupis cadet, Violoncelle d'un mérite diſtingué. *Vieille rue du Temple.*

Decaix. Violoncelle à l'Opera, & Maître de Pardeſſus de Viole. *Fauxbourg Saint-Denis.*

MUSIQUE.

Descombes. Cloître Saint-Nicolas du Louvre.

Desplanques. Pensionné de l'Académie Royale de Musique. *Rue Saint-Honoré*, n°.

Dessé. Rue du Figuier, Hôtel de Sens.

Diury. Violoncelle & Alto de l'Opéra & du Concert Spirituel.

Doublet. Violoncelle à l'Opéra & Pardessus de Viole. *Rue des Cinq-Diamans*.

DUPORT l'aîné. Célébre Violoncelle de S. A. S. le Prince de Deux-Ponts, & digne Eléve du fameux Berthaud.

A porté l'exécution beaucoup plus loin, & même à un dégré qui étonne & ne laisse rien à desirer ni espérer de plus.

DUPORT cadet. Eléve & digne Emule de son frere, premier Violoncelle du Concert Spirituel.

Y a exécuté les morceaux les plus difficultueux avec tant d'aisance, d'énergie & de brillant, que les Virtuoses doutent qui de son frere ou de lui fait tirer de cet instrument des sons plus flatteurs, plus agréables & plus harmonieux.

Fouquet ou *Fouchetti*, Violoncelle, a fait un Recueil d'Airs pour deux Violons, & une Méthode pour la Mandoline. *Rue Saint-Martin près la rue Oignard*.

Graziani a fait plusieurs Sonates pour le Violoncelle.

Hachette, Basse à l'Opéra. *Rue Royale*.

Haillot. Rue de Bourbon-Villeneuve, chez le Tapissier.

Hubert, Violoncelle, a fait des Trio & Sonates, pour l'Alto & le Violon.

Hyvart, Violoncelle à l'Opéra & au Concert Spirituel. *Rue de Bourbon-Villeneuve, chez le Vitrier*.

Jeanson. Rue de Seine, Hôtel de la Rochefoucault.

Jolliet. Rue du Doyenné.

Lepin a fait plusieurs Sonates & Duo pour le Violon. *Rue Perdue*.

Levasseur. Rue du Temple vis-à-vis la rue Portefoin

Lobry. Rue Thevenot, près celle Saint-Denis.

MARA, célébre violoncelle de l'Opera de Berlin.

Meisner, excellent Violon ; *hôtel de Rochechouart*.

Menel, Violoncelle du Concert Spirituel & de la Comédie Françoise ; rue *des Petits-Carreaux*.

Mery, à la Comédie Françoise ; rue *de Seine*.

Mielle, à l'Opera ; rue *Bourbon-Villeneuve*.

Natulresta a fait des Sonates pour le Violoncelle.

Nochez, rue Saint-Honoré, près l'Oratoire.

Nodi, rue de l'Université, Hôtel de Villeroy.

Piarelli a fait des Sonates pour le Violoncelle.

Plantade, près la Croix-Rouge.

Rachelle, rue Royale, Place de Louis XV.

Renaudez, Baſſe d'accompagnement à la Comédie Françoiſe. *Rue Saint-Honoré, près celle des Bourdonnois.*

Renard, premier Violoncelle de l'Ambigu Comique. *Rue Charlot au Marais.*

Ritters a fait des Concerto pour la Baſſe, différents Recueils d'Airs choiſis pour la Guittare & une Méthode pour le Ciſtre.

ROUSSEAU le cadet, premier Violoncelle du Concert de M. le Comte d'Albaret. *Rue des Martyrs.*

Scuppen, Place des Victoires.

Watrin, rue Saint-Jacques de la Boucherie vis-à-vis celle de la Jouaillerie.

Vion, Violoncelle à l'Opéra. *Rue des Deux-Ecus.*

Contrebaſſes.

Boutroy, Contrebaſſe de l'Opéra & du Concert Spirituel, *Cul-de-Sac Thevenot.*

D'Argent l'aîné.

Deſſé, rue du Figuier.

Glein, Contre-Baſſe du Concert Spirituel. *Rue des Prouvaires.*

Gordan, à l'Ambigu Comique, excellente Contre-Baſſe. *Marché des Enfans Rouges au Marais.*

Lisky, Contre-Baſſe à la Comédie Françoiſe. *Rue Chabanois.*

Louis, Contre-Baſſe de la Chapelle du Roi, un des plus célébre pour cet inſtrument. *A Verſailles.*

Louis, rue des Cordeliers chez le Sellier.

Savoye, rue Thérefe.

Scutzmann, Contre-Baſſe, Penſionné de l'Opéra. *Rue de Viarmes*, N°. 28.

COMPOSITEURS, VIRTUOSES, AMATEURS ET MAÎTRES D'INSTRUMENS A CORDES ET A CLAVIER.

Clavecin & Forte-Piano.

Quelques-uns des plus connues ſont :

M M.

ABEL, Maître de Clavecin, a fait pluſieurs Œuvres de Symphonies concertantes, & à grand Orcheſtre Quatuor, Trio, Sonate, Concerto & pieces détachées.

Adam, a fait pluſieurs Symphonies, ouvertures & pieces détachées, pour le Clavecin & la Harpe.

Audifrari, a fait pluſieurs pieces détachées pour le Clavecin.

BALBATRE. Cloître Saint-Roch.

Ce Virtuoſe, qui s'eſt fait entendre pluſieurs fois avec ſuccès au Concert Spirituel, joint au tact le plus délicat une parfaite égalité des deux mains, qui rend son exécution surprenante & toujours soutenue. *Cloître Saint-Roch.*

Bambini, aux Eaux de Passy, *rue des vieux-Augustins.*

BECK, excellent Maitre de Clavecin, Directeur du Spectacle & de l'Orchestre de Bordeaux, qui a fait plusieurs Œuvres de symphonies périodiques, à grand Orchestre, Quatuor & pieces détachées pour le Clavecin.

Son *Stabat Mater*, exécuté au Concert Spirituel, a eu le plus grand succès, & lui a mérité les plus vifs applaudissemens.

BEMETZRIEDER, rue des *SS. Peres.*

Est Auteur d'une Méthode de Clavecin, d'un Essai sur l'harmonie, & d'un nouveau Traité de Musique, dans lequel il observe, avec raison, que la Musique a des bornes marquées par la nature, que l'on ne doit pas franchir, si on veut conserver l'expression qu'elle communique aux paroles; & le rapport qu'elle doit avoir avec la voix.

Benaut, Claveciniste de l'Abbaye Royale, est éditeur & rédacteur de plusieurs ouvrages arrangés avec accompagnement.

Berthaud (Mademoiselle), rue des Boucheries.

Blondel (mademoiselle), rue aux Fers.

Boccherini, a fait plusieurs Œuvres de Symphonies, à grand Ocheſtre, Sextuor, Quatuor, Trio, Sonates, Concerto & pieces détachées de Clavecin, &c.

Bonvalet, Quai des Orfévres, à la Croix d'or.

Borghese, a fait plusieurs Œuvres de pieces détachées pour le Clavecin.

Bouchard, Organiste à Saint-Louis

Bury (de), excellent Maitre de Clavecin, & très-habile Lecteur. Rue *Potte-Foin.*

Burton, Organiste Anglois, & Compositeur. Rue *Saint-Thomas-du-Louvre.*

Camille (Monteze), a fait des Sonates pour le Clavecin.

Campioni, a fait des Quatuor, Trio, Duo & pieces de Clavecin.

CANDEILLE (Mademoiselle), jeune Virtuose, à exécuté avec grand succès au Concert-Spirituel, plusieurs Concerto de Forte-piano, un entr'autre de sa composition, & d'un chant fort agréable, &c.

César, a fait les accompagnemens de plusieurs Ouvertures d'Opéra, arrangés pour le Clavecin Quai *des Ormes.*

CHARPENTIER, célèbre Organiste à Saint-Paul, & Maître de Clavecin, a fait plusieurs pieces d'orgue & de Clavecin, très-estimées.

Chauvet, Organiste à Saint-Lazare, aveugle & compositeur; a fait entendre avec succès plusieurs morceaux de sa composition.

Clément, Clavecinîste & Redacteur d'un Journal de Clavecin, a fait différens airs pour la Clarinette, & une méthode sur l'accompagnement du Clavecin, par les principes de la composition pratique, & de la Basse fondamentale. *Cloître Saint-Nicolas-du-Louvre.*

CLEMENTINI, célébre Clevecinîste, renommé par la plus brillante exécution, & par le charme de ses compositions.

Clerembault, rue des Grands-Augustins, Hôtel de S. Cyr.

Couperin fils, Organiste à Saint Jean-en-Greve, & Maître de Clavecin. Près *Saint-Gervais.*

DAVAUX, Aamteur, a fait pour le Clavecin, plusieurs Symphonies concertantes, & à huit parties, d'un goût léger, agréable & savant; Quatuor, Duo, &c. Au *Carousel.*

David, Boulevard de la rue Poissonniere.

Dedois, Organiste de Saint-Louis-en-l'Isle. Rue *Culture-Sainte-Catherine.*

Deharme, rue des Martyrs-Montmartre.

Desjardins, a fait des Duo & Sonates pour le Clavecin.

DEMEREAUX, célebre Organiste de Saint Sauveur, habile maître de Clavecin, & Compositeur, a fait la musique d'*Alexandre aux Indes*, qui a eu beaucoup de succès. Rue *Carême-prenant.*

Depinois, rue du Pourtour-Saint-Gervais.

Despreaux, Œuvres de sonates pour le Clavecin.

DESPRÉS, célebre Organiste de Saint-Méderic, & S. Nicolas-du-Chardonnet, & Maitre de Clavecin. Rue *Simon-le-Franc.*

Disckelmarcq, rue & Porte-Saint-Jacques.

Doublet, rue des Cinq-Diamants.

Dreux, vielle rue du Temple.

Dreux le jeune, au Collége de Navarre.

Duchesne, rue Hyacinthe, près la place S. Michel.

Dumoustier, a fait différentes pieces détachées pour le Clavecin.

Duphly, a fait différents Œuvres de pieces détachées pour le Clavecin.

ECKARD, célebre Clavecinîste, a fait plusieurs pieces détachées pour les Instrumens, d'un genre savant & digne des plus grands Maitres. Rue *Saint-Honoré*, près de celle des *Frondeurs.*

EDELMANN, célebre Clavecinîste, a fait *Ariane*. L'*acte du feu*, & plusieurs œuvres de Trio, Sonates & pieces détachées pour cet Instrument. Ce Virtuose est auteur du Journal d'*Euterpe* pour le Clavecin, & du Diapazon général pour tous les Instrumens à vent. Rue du *Temple.*

Fabre, rue de Bétizy, Hôtel de Dreux.

Ferrant, Organiste à Saint-Josse & à Sainte-Catherine, rue *Quincampoix*.

Filtz, a fait plusieurs Œuvres de Symphonies concertantes & à grand Orchestre, Trio, Duo & Concerto pour le Clavecin.

Fodor, Sonates de Clavecin à quatre mains, Concerto & recueil d'airs variés.

Foignet, a fait plusieurs recueils d'airs avec accompagnement pour le Clavecin.

FONTENET, Amateur & Compositeur, a fait plusieurs Trio & autres pieces de Clavecin, d'un genre savant & recherché.

Fouquet (Noisy), Organiste de Saint-Eustache, & Maître de Clavecin. Rue du *Gros-Chenet*.

Fuger, rue du Champ-fleury, hôtel de la Montagne.

Gallat, a fait des Pieces de Clavecin.

Garnier, à l'Opéra, a fait une Méthode pour le Clavecin & la Harpe, & une tablature de Flageolet.

GERVAIS (Madame), dite *Perignon*, a exécuté au Concert Spirituel, une Sonate de Forte-piano, avec succès.

Giardini, a fait plusieurs Quintetti de Clavecin.

Gibert, Maître de Clavecin & Compositeur, renommé pour l'accompagnement. Près de *Chaillot, à la Manufacture de Savonnerie*.

Giordani, Sonates & Concerto pour le Clavecin.

Goermans, renommé pour le Clavecin, la Harpe & la vocale. Rue de *Limoges*.

Gossec fils, Claveciniste & Compositeur, a arrangé plusieurs morceaux de Musique, avec accompagnement, & a donné dans chacun des preuves de son goût & de son intelligence.

Gougelet, a fait plusieurs airs de Guitare & une Méthode de Clavecin.

Grenier, rue des Vieilles-Etuves.

Guebffer (Madame). Maison de M. le Marquis de Villette.

Guenin, rue Saint-Louis-Saint-Honoré.

Gueydon (Mademoiselle), fille du célebre Carlin Bertinazzi, a exécuté, au Concert Spirituel, plusieurs morceaux de Musique sur le Forte-piano.

Héron, a fait des Sonates pour le Clavecin.

Hosjains, habile Claveciniste, renommé par la délicatesse & le choix des ouvrages qu'il a arrangés pour le Forte-piano.

HONAVER, célebre Claveciniste & savant compositeur, a fait plusieurs pieces de clavecin pleines de goût de chant & d'une contexture flatteuse & agréable. R. *S. Dominique*.

HULLEMANDEL, célebre Claveciniste, a fait le plus grand

plaisir sur l'*harmonica*, par l'exécution de plusieurs morceaux de Musique d'un genre savant, agréable & recherché, de sa composition. Rue *Basse-porte-saint-Denis*.

Joinville, rue Coquilliere.

Juste, a fait plusieurs Sonates pour le Clavecin.

Lachnith, a fait plusieurs Œuvres de Symphonie, Quatuor, Trio & Sonates de Clavecin.

Lacour (Mademoiselle), Isle Saint-Louis.

Lacroix, rue Saint-Honoré, près de l'Oratoire.

Lairet (Mademoiselle), Organiste de Sainte-Croix en la Cité, & Maîtresse de Clavecin.

Landrin, Organiste à l'Hôtel Royal des Invalides, à Saint-Jean-en-Greve, & Maître de Clavecin.

Langlé, rue de l'Université, au coin de la rue de Baune.

Lasséux, a fait plusieurs pieces d'Orgue & Quatuor, pour le Clavecin & la Harpe. Rue & *Montagne-sainte-Genevieve*.

Leclcr, Organiste des Peres de la Merci, a fait un Journal de pieces d'Orgue.

Leduc, a fait plusieurs Symphonies, Trio, Duo, Sonates & Concerto, & est éditeur d'un Journal de Harpe & de Clavecin, avec accompagnement, du choix des meilleurs Maîtres. Rue *Traversiere*.

Lefevre, rue des Singes.

Lefebvre, rue sainte Appolline, près la rue saint-Martin.

Legal (Defurcy), Organiste des Carmes de la place Maubert, & Maître de Clavecin. Rue d'*Orléans*.

Legrand, a fait des Sonates de Clavecin. Rue *Coquilliere*.

Lejay, Maître de Clavecin, a fait les *Après souper joyeux*, ou recueil d'airs variés pour la Guitare. Rue *Neuve-saint-Méderic*.

LEPIN, jeune Virtuose, a exécuté avec succès au Concert Spirituel, un Concerto de Clavecin de sa composition.

Leroy, a fait plusieurs Symphonies & pieces de Clavecin.

Levé a fait un œuvre de pieces de Clavecin.

Lindorff, a fait des Quatuor pour le Clavecin.

LUCE, célebre Organiste de Notre-Dame, & à Saint-Nicolas-des-Champs.

MARCHAL, excellent Claveciniste, a exécuté avec succès au Concert Spirituel, plusieurs Quatuor & Concerto de sa composition.

Marlé, rue Phelippeaux.

Marpourg, a fait l'art de toucher le Clavecin selon la maniere perfectionnée des modernes.

Malterer l'aîné, rue & hôtel de Tournon.

Milchmeyer, pour le Clavecin & la Harpe. *Cloître S. Honoré*.

MIROIR l'aîné, célebre Organiste, à l'Abbaye Saint Germain-pes-Prés, & Maître de Clavecin. Rue de *Tournon*.

Miroir cadet, Claveciniste. Rue de la *Planche.*

Miroir le jeune, dit *Paventelly,* rue du Fauxbourg du Temple, N°. 14.

Monteze (Camille), Sonates pour le Clavecin.

Morigy, a fait des Duo pour le Clavecin, la Flute, le Hautbois & le Basson.

Moustourne, Maitre de Clavecin.

NEVEU, Claveciniste de Monseigneur le Comte d'Artois, Rue du *Four-Saint-Germain.* Hôtel de la Guerre.

A fait plusieurs Œuvres de pieces détachées de Clavecin & exécuté au Concert Spirituel un Concerto de sa composirion d'un genre agréable, dans lequel il a donné de nouvelles preuves de la fécondité de son génie, de la légereté & du fini de son jeu. *Rue du Four Saint-Germain.*

Noblet (Mademoiselle), Organiste à la Magdeleine. Rue des *Foureurs*, à la Picarde.

Osfroy (Mademoiselle), aux Hospitalieres, rue Mouffetard.

Olivier (Mademoiselle), Organiste à Saint Landry.

Paganelli, a fait plusieurs œuvres de Sonates pour le clavecin & la Flûte, &c.

PARADIS (Mademoiselle), aveugle dès l'âge de deux ans, a exécuté au Concert Spirituel plusieurs Concerto de Clavecin, avec un art & une légereté qui ont pénétré d'admiration & les applaudissemens qu'elle a reçus n'ont jamais été plus vifs, ni plus justement merités.

Paris (Madame de), excellente Maîtresse de Clavecin & de goût du chant. Rue du *Chantre.*

Pelegrino, a fait plusieurs œuvres de pieces pour le Clavecin.

PETRONAR, le plus jeune.

Cet enfant a exécuté au Concert Spirituel un morceau sur le Clavecin avec une légereté qui donne lieu d'espérer qu'il sera un jour au rang des plus grands Artistes, & qui lui a mérité du Public les plus vifs applaudissemens.

Piozzi, très-renommé pour enseigner à chanter, a fait des Sonates de Clavecin, en *Angleterre.*

Pischmann, a fait des Trio pour le Clavecin.

Poirier (Mademoiselle), rue de la Verrrerie, Hôtel de Pomponne.

POUTEAU, célebre Organiste de Saint-Martin-des-Champs, & Maitre de Clavecin, est auteur de la musique d'*Alain & Rosette*, & de plusieurs recueils d'airs pour le clavecin. Rue *Planche-Mibray.*

Rasetti, rue Saint-Denis, près S. Sauveur.

Ravissa (Madame), excellente Maîtresse pour le Clavecin, la vocale & le goût du chant. Rue de la *Harpe.*

Raupach, a fait plusieurs œuvres de pieces pour le clavecin.

Rauzini, a fait des Quatuor & Sonates pour le clavecin.

Rigel (Freres), rue Neuve-ſaint-Roch.

ROMAIN, Maître de Clavecin : connu par pluſieurs œuvres de Symphonies pour cet inſtrument, eſt ſingulierement renommé pour l'art d'enſeigner & de faire faire à ſes éleves les progrès les plus rapides. *Quai des Auguſtins.*

Saint-Marcel, rue Haute-des-Urſins.

Scheffrat, a fait pluſieurs œuvres de pieces détachées pour le Clavecin.

Schmitz, a fait des œuvres de Symphonies, Quatuor, Trio, Duo, Sonates & airs variés pour le Clavecin.

Schobert, a fait des Concerto pour le Clavecin.

Schroeſter, a fait des œuvres de Sonates & Concerto pour le Clavecin.

SÉJAN l'ainé, célebre Organiſte du Roi à Notre Dame, & Maitre de Clavecin, a fait pluſieurs pieces de muſique pour cet inſtrument. *Cloître ſaint-Médéric.*

Séjan le jeune, a fait un Recueil de petits rondeaux & de Sonates, des commençans pour le Clavecin.

SIMON, Calveciniſte de la Muſique de la Reine, a fait pluſieurs recueils d'airs françois. A *Verſailles.*

Sterkel, Compoſiteur du Concert Spirituel, a fait pluſieurs Œuvres de Symphonies, Sonates & pieces de Clavecin qui ont été exécutés avec ſuccès.

Stephani, a fait des Sonates de Clavecin.

Tapray, Organiſte de la Chapelle de l'Ecole Royayle Militaire & Maitre de Clavecin. Rue des *Deux-Portes-Saint-Sauveur.*

Thomelin neveu, rue Saint-Antoine, vis-à-vis la vieille rue du Temple.

Tiſcher, a fait des œuvres détachées pour le Clavecin avec accompagnement de Violon.

Tranti, a fait pluſieurs Sonates de Clavecin.

Tſchirſchzchy, Claveciniſte, eſt inventeur de la Harpe perfectionnée. Rue *Saint-Nicaiſe.*

Vadenboſch, a fait des Sonates & Concerto pour le Clavecin.

VAGEMAL, a fait des œuvres de Symphonie périodique, Sonates, Concerto & pieces détachées pour le Clavecin. On exécute pluſieurs Symphonies, de lui, au Concert Spirituel, avec ſuccès.

Vanhal, a fait des œuvres de Smphonies concertante & périodique, & concerto pour le Clavecin ; Quatuor, Trio, Duo & Sonates de Flûte & Clarinette.

Vernadé, Cloitre Saint Benoît.

Viering, rue de Seine, maiſon de M. le Curé de S. Sulpice.

Vion, rue des Deux-Ecus, hôtel Impérial.

VIRBES, Maître de Clavecin, d'un mérite diſtingué par

l'étude & les connoissances précieuses, qu'il a acquises dans les meilleures Ecoles d'Italie, pour enseigner l'accompagnement par les regles de la composition.

Cet Artiste, qui joint à un goût épuré une organisation très-délicate, a trouvé l'art de faire entendre sur son Clavecin les sons de divers instrumens, depuis le *Crescendo* jusqu'au *Moriendo*, sans y adapter aucun jeu d'orgue ni souflets; ce qui lui a mérité les éloges des plus grands Artistes & l'approbation de l'Académie royale des Sciences. *Rue du Four Saint-Honoré.*

La Vielle.

Bonvalet, pour la Vielle. Rue de la *Fromagerie*, à la Croix d'or.
Danguy, Maître de Vielle. Rue *Bourg-l'abbé.*
Descombes, Cloître S. Nicolas-du-Louvre.
DLAINE, Maître de Vielle, renommé par les agrémens qu'il a ajoutés à cet Instrument, en lui prêtant des sons aussi moelleux, aussi flatteurs à l'oreille & aussi long-temps filés qu'ils peuvent l'être sur le Violon.
Genty, Charpentier. Rue *Saint-Martin*, N°. 85.
Torlez, a fait des principes pour la voix, la Vielle & l'instruction des serins.

COMPOSITEURS VIRTUOSES, AMATEURS ET MAÎTRES D'INSTRUMENS A CORDES PINCÉES.

Pour la Harpe.

Quelques-uns des plus connus sont;

M M.

Aubert, rue Phelipeaux.
Baur, Maître de Harpe, a fait plusieurs Recueils d'Airs pour cet Instrument, & des Duo & Quatuor pour le Clavecin, &c. Rue *Saint-Jacques*, *vis-à-vis celle du Plâtre.*
Berlinier, Maître de Harpe; rue *du Sentier.*
Boerchmitz, a fait des Sonates pour la Harpe.
Boilli, Maître de Harpe de Madame la Comtesse d'Artois & de Madame Elisabeth, a fait plusieurs Recueils d'Airs très-agréables, avec Accompagn. pour la Harpe. *A Versailles.*
Boutard, rue Saint-Honoré.
BREIDEMBACH, a exécuté sur la Harpe au Concert Spirituel plusieurs Sonates de sa composition. Rue *Etienne.*
BURCKOFFER, excellent Maître de Harpe, a fait plusieurs Œuvres de Trio, Duo, Sonates & Concerto pour cet Instrument, & un Recueil d'Airs détachés, avec Accompagnement. Rue *Royale*, *Place de Louis XV.*

MUSIQUE.

CARDON, excellent Maître de Harpe, a fait plusieurs Trio, Duo, Sonates & Concerto, & Recueils d'airs variés pour le Violon & la Guitare. *A Versailles.*

Cardon fils, rue Saint-Germain-l'Auxerrois.

Caune, rue du Petit-Lion Saint-Germain.

CORBELIN, Eleve du célebre *Patouart*, Maître de Harpe & de Guitare, a fait différents Recueils d'Ariettes arrangées avec Accompagnement, & une Méthode pour ces Instrumens. *Place Saint-Michel.*

Corsin, rue Saint-Denis, à la Barbe d'or.

Courde, rue Neuve des Capucines, Hôtel de Vilquier.

Couperin fils, près Saint-Gervais.

COUSINEAU fils, excellent Maître de Harpe & Compositeur, a exécuté avec succès, sur cet Instrument, au Concert Spir. plusieurs morceaux de sa composition. Rue *des Poulies.*

David fils, Boulevard de la rue Poissonniere.

Delplanque, a fait des Quatuor, Sonates & Recueils d'Airs variés pour la Harpe, avec Accompagnement. Rue *Charlot.*

DUVERGER (Mademoiselle), a exécuté sur la Harpe, au Concert Spirituel, plusieurs Sonates & un Concerto de M. *Bach*, avec un goût, une légereté & une précision qui lui a mérité les plus vifs applaudissemens.

Eichner, a fait plusieurs Sypmhonies, Quatuor, Trio & Sonates pour la Harpe & le Clavecin, & des Recueils d'Airs variés pour la Clarinette, le Cor-de-Chasse & le Basson.

Elouis, a fait des Airs variés pour la Harpe.

Emick, excellent Maître de Harpe, a fait plusieurs Œuvres de Quatuor pour cet Instrument; rue *des Roziers.*

Fabre, rue Betizi, Hôtel de Dreux.

Granier, a fait plusieurs Œuvres de Quatuor pour la Harpe & de Sonates pour la Flûte.

GROSS, Maître de Harpe & de Violon, ordinaire de la Musique de S. A. R. le Prince de Prusse, a fait plusieurs Œuvres de Symphonies, Concerto, Trio & Duo de Harpe & de Clavecin. Rue *des Enfans-Rouges.*

Guebffer, excellent Maître de Harpe.

Heina fils, rue *de Seine.*

HINNER, ancien Maître de Harpe de la Reine, un des plus célébres pour l'exécution, est Auteur de la Musique de *la fausse Délicatesse*, de plusieurs Duo, & autres morceaux de Musique d'un genre savant & d'un goût recherché pour cet Instrument. *A Versailles.*

HOCHBRUCKER, un des plus célébres Maître de Harpe de l'Europe, a fait plusieurs Sonates & Airs variés, avec & sans Accompagn. pour cet Instrument; *à Valenciennes.*

Hochbrucker neveu, rue Saint-Denis, vis-à-vis celle de la Féronnerie.

Krumpholtz, rue des Moineaux.

LAFOND (Mademoiselle), renommée pour son exécution sur la Harpe & son aptitude dans l'art d'enseigner cet Instrument. Cul-de-sac *Sourdis*.

Lamaniere, rue Montmartre, Hôtel de Montmorency.

Leduc (Madame), rue Traversiere Saint-Honoré.

Matterer, rue Dufour Saint-Germain.

MAYER, excellent Maître de Harpe, a fait plusieurs Œuvres de Quatuor pour la Harpe, avec une Méthode pour cet Instrument. Symphonies pour le Clavecin. Recueils d'Airs détachés, avec Accompagnement de Harpe, & Airs variés pour la Flûte. Rue *Neuve des Petits-Champs*.

Milckmeyer, Cloître Saint-Honoré.

Moreau, a fait différens Recueils d'Airs variés pour la Harpe.

Navert, a fait des Concerto pour la Harpe.

PATOUART, en *Pologne*, célébre Maître de Harpe, a fait plusieurs Recueils d'Airs & d'Ariettes avec Accompagnement de Harpe, & Trio pour la Voix & le Violoncelle.

PETRINI, excellent Maître de Harpe & Compositeur, a fait plusieurs Sonates & Recueils d'Airs variés pour cet Instrument. Rue *Montmartre*.

Petrini cadet, même rue, vis-à-vis celle du Jour.

PETRONARD, jeune Artiste qui a pincé de la Harpe au Concert Spirituel avec succès.

Son exécution ferme & soutenue annonce un grand exercice, des doigts nerveux & flexibles, & une tête déja bien organisée.

Pollet l'aîné, Cloître Saint-Médéric.

Raimond (Madame), rue du Bacq, aux Dames Sainte-Marie.

Rafetti, Maître de Harpe, a fait plusieurs Sonates & Pieces de Clavecin, d'un style agréable & recherché; rue *Saint-Denis, près Saint-Sauveur*.

RENAUDIN, excellent Maître de Harpe, a exécuté avec succès au Concert Spirituel plusieurs morceaux sur cet Instrument. Rue *Mauconseil*.

Richter, a fait des Symphonies, Quatuor & Sonates pour la Flûte, & Concerto pour la Harpe.

Roussel (Madame), Maîtresse de Harpe & de Musique Vocale, a fait plusieurs Airs avec & sans Accompagnement. Rue *Saint-Germain-l'Auxerrois*.

Saint-Marcel (Mademoiselle), rue Haute-des-Ursins.

Schencher, a fait des Trio de Harpe.

Sieber, rue Saint-Honoré, vis-à-vis l'Hôtel d'Aligre.

Simon (Mademoiselle), prend de jeunes Demoiselles en pension & leur enseigne la Musique Vocale, la Harpe & le Clavecin. Cul-de-sac *de Rouen*.

Tissier, ordinaire de la Musique du Roi, sous-Maître de l'Orchestre de l'Opéra & Maître de Harpe, a fait plusieurs Trio & Recueils d'Airs arrangés pour le Violon, la Harpe & la Guitare. Rue *Saint-Honoré, vis-à-vis l'Oratoire.*

Vente, a fait des Trio & Sonates pour la Harpe & le Clavecin.

Vernier, rue des Boucheries, près la grille.

Witzlhumb, a fait des Symphonies & Sonates pour la Harpe.

Pour la Guitare, le Cistre & la Mandoline.

Amé, Maître de Cistre.

Bailleux, a fait une Méthode pour la Guitare.

BAILLON, Maître de Guitare & de goût du Chant, est Auteur d'une Méthode pour cet Instrument; Rédacteur du Journal de Violon, Alto & Violoncelle, & Editeur de la Muse Lyrique *ou* Journal d'Ariettes, avec Accompagnement de Harpe & de Guitare, depuis 1772 jusques & compris 1784. Rue *des Petits-Champs* & *de Richelieu.*

Berard, Recueil d'Airs pour la Guitare.

Bouleron, a fait des Trio pour la Guitare.

Boyer. Œuvres de Guitare, avec l'Eloge de cet Instrument.

Carpentier, Amateur, a fait plusieurs Accompagnements pour le Cistre qui ont été favorablement accueillis.

Cherbourg, a fait un Recueil d'Airs pour la Guitare.

Corsin, Maître de Cistre & de Guitare; rue *Saint-Denis, à la Barbe d'or.*

Delaure, a fait un Recueil d'airs pour la Guitare.

Devillers, a fait différents Airs variés pour le Cistre.

Dom ***, a fait une Méthode pour la Guitare.

Dotel. Recueil d'Airs variés pour la Guitare.

Favier, a fait plusieurs Recueils d'Airs variés, avec Accompagnement de Guitare.

Félix. Recueils d'Airs variés pour la Guitare.

Fouquet ou *Fouchetti*, pour la Mandoline. Rue *Saint-Martin.*

Gentil, a fait des Airs de Guitare.

Gervasio, a fait une Méthode pour la Mandoline.

Glachant, a fait plusieurs Trio & Recueil d'Airs de Guitare, avec & sans Accompagnement. Rue *des Deux-Ponts.*

Godart, a fait plusieurs Airs de Guitare.

Grumaille, très-renommé pour le Cistre, a fait plusieurs morceaux de Musique avec Accompagnement pour cet Instrument. Rue *de la Lune.*

GUICHARD (l'Abbé), renommé pour le goût du Chant & la Guitare, a fait plusieurs Recueils d'Airs variés pour cet Instrument. *Cloître Notre-Dame.*

Kruger, Cistre de la Comédie Françoise.

Lejay, a fait les *Après-Soupés joyeux*, ou Recueil d'Airs variés pour la Guitare.

MUSIQUE.

Leonne, a fait plusieurs Recueils d'Airs pour le Cistre & une Méthode pour la Mandoline.

Levasseur, Maître de Mandoline.

Maillé, Maître de Guitare & de Musique Vocale.

Mareschalchy, a fait plusieurs Quatuor de Guitare.

Mazuchelli, Maître de Mandoline, est Rédacteur d'un Recueil d'Ariettes choisies pour cet Instrument. Place *de l'Ecole.*

MERCHI (de), Maître de Guitare & de Mandoline, connu par plusieurs Sonates & Recueils d'Airs variés & tirés des meilleurs Opéra-Comiques, avec & sans Accompagnement, est Auteur d'une Méthode annoncée sous le titre de Guide des Ecoliers de Guitare, & d'un Traité des agréments de cet Instrument, avec des Instructions claires & des Exemples démonstratifs sur le *Pincer*, le *Doigter*, l'*Arpège*, la *Batterie*, l'*Accompagnement*, la *Chûte*, la *Tirade*, le *Martellement*, le *Trill*, la *Glissade* & le *Son filé*, suivis de plusieurs Airs, dans le dernier desquels sont compris tous les agréments dont cet Instrument est susceptible, dans dix-neuf Variations. Rue *Saint-Thomas au Louvre.*

Migneaux (de), a fait différents Quatuor de Guitare, avec & sans Accompagnement de Harpe.

Paisible, a fait plusieurs Concerto & Recueil d'Airs pour la Guitare.

Pollet, Maître de Cistre, a fait plusieurs morceaux de goût pour cet Instrument. Cloître *Saint Medéric.*

Royer de Surmont, a fait plusieurs Ariettes, avec Accompagnement de Guitare.

Raboin, a fait plusieurs Recueils variés pour la Guitare.

Ritter, plusieurs Recueils d'Airs choisis pour la Guitare, & une Méthode pour le Cistre.

Schincourt, Maître de Cistre; rue *Montmartre*, *Hôtel d'Uzès.*

Sody, aveugle, excellent Maître de Mandoline. Rue *de Cléry.*

Traetti, a fait plusieurs Airs de Guitare.

Vernier, rue des Boucheries Saint-Germain.

Vegini, a fait des Duo pour la Mandoline.

VIDAL, un des plus célébres & des plus habiles Maîtres de Guitare de l'Europe, a fait une Méthode pour cet Instrument, & plusieurs Œuvres de Duo, Sonates, & Recueils d'Airs, avec des Variations d'un genre savant & digne de l'exécution des plus grands Maîtres.

MUSIQUE.

COMPOSITEURS, VIRTUOSES, AMATEURS ET MAÎTRES DE MUSIQUE POUR LES INSTRUMENS A VENT.

Flûtes, Haut-bois & Clarinettes.

Quelques-uns des plus connus ſont :

M M.

Amé, Maître de Flûte. *Rue du petit Carreau.*

André, excellente Flûte & Haut-bois à l'Opéra, a fait pluſieurs Trio pour ces inſtrumens.

Atys, Maître de Flûte. *Rue des Moulins.*

Bachomed a fait des Duo pour la Flûte.

BAHER, célebre Clarinette, a exécuté au Concert Spirituel pluſieurs Concerto de ſa compoſition, qui lui ont mérité les plus vifs applaudiſſemens.

Beck, pour la Flûte. *Rue de Seine.*

Berault, premiere Flûte de la Comédie Françoiſe, a fait des Duo. *Rue de la Comédie Françoiſe.*

Berault, fils. Rue Mazarine, au café de Viſeux.

BEZZOSSI, premier Haut-bois de la Muſique du Roi, a fait pluſieurs Trio. *A Verſailles.*

Ce Virtuoſe eſt regardé comme le premier qui ait fait entendre ſur cet inſtrument ces ſons délicats & argentins qui touchent & émeuvent & raviſſent l'ame en charmant l'oreille.

Bhere a fait des Duo pour Clarinette & Baſſon.

Biche, Clarinette, attaché au Prince Louis.

Blangis, pour le Haut-bois & la Clarinette. *Rue de Tournon.*

Blavet a fait des Sonates pour la Flûte.

Bonda. Sept Recueils d'airs pour la Flûte.

Bullant, a fait des Symphonies à grand orcheſtre, des Duo & pluſieurs Recueils d'airs harmoniques arrangés pour deux Clarinettes, deux Cors-de-chaſſes & deux Baſſons.

Bureau, Haut-bois penſionné de l'Acad. royale de Muſique. *Rue des Boucheries-S.-Germain.*

CAMBINI, Compoſiteur du Concert Spirituel. Trio, Duo, Sonates & Concerto pour Flûte & Haut-bois, d'un genre ſavant & gracieux.

Canal, a fait des Sonates & Duo pour la Flûte.

Capelle, Flûte & Haut-bois. *Rue de la Vieille Monnoye.*

Carbonel, a fait le jeu de Dez harmonique, le Toton harmonique, une Méthode de Clarinette & de Tambourin.

Chamberger, a fait des Concerto de Clarinettes.

Chaparelle, a fait des Duo & Concerto pour la Clarinette & le Cor-de-chaſſe.

Chariere, Maître de Flûte, *Cloître Saint-Honoré.*

MUSIQUE.

CHATEAUMINOIS, premiere Flûte & Tambourin des Variétés amusantes. *Rue de Grenelle-S.-Honoré.*

Clément, différens airs détachés pour la Clarinette.

Dejardini, a fait plusieurs Sonates pour la Flûte.

Delusse, a fait des Sonates & une Méthode pour la Flûte.

DEVIENNE, a exécuté au Conc. Spirituel plusieurs Concerto de Flûte de sa composition, *Rue Saint-Honoré.*

Dotel, a fait des Duo pour la Flûte, des Sonates d'étude, &c.

Dubois, pensionné de l'Académie, maître de Flûte & de Haut-bois. *Rue de Cléry.*

DUVERGER, premiere Flûte du Concert Spirituel & de la Comédie Italienne. *Rue du petit Reposoir.*

Eichner. Recueils d'airs variés pour la Clarinette, le Cor-de-chasse & le Basson.

ERNEST, excellent maître de Flûte, & premiere Clarinette du Concert Spirituel. *Rue S. Honoré.*

Evelard, maître de Flûte. *Rue S. Dominique, hôtel de Luynes.*

Ficher, a fait plusieurs Concerto pour le Haut-bois.

Garnier, Flûte & Haut-bois à l'Opéra, a fait une Méthode pour le Clavecin & la Harpe, & une Tablature de Flageolet. *Rue S. Honoré, près la Croix-du-Trahoir.*

Gaspard, Clarinette, a fait plusieurs Quatuor & airs détachés pour cet instrument. *Rue de l'Université, à l'hôtel de Villeroy.*

Gasprocksch, a fait des Duo, Sonates & airs variés pour la Clarinette.

Gaur, a fait deux Recueils d'airs choisis pour la Flûte.

Giordani, a fait plusieurs Trio & Duo pour la Flûte & le Violon.

GRAAF, a fait des Quatuor, Quintetti & Concerto pour la Flûte & le Haut-bois, & a exécuté au Concert Spirituel avec succès plusieurs Concerto de sa composition.

Granier, Œuvres de Sonates pour la Flûte.

Gronemann, Sonates pour la Flûte. *Rue de Grenelle-S.-Hon.*

Gugel, a fait des Duo pour la Flûte.

Hagen, a fait des Duo pour Clarinette.

HARTMANN, ordinaire de la musique de S. A. S. Mgr. le Duc de Saxe, est regardé par les Virtuoses comme un des plus habiles Joueurs de Flûte de l'Europe. On a de lui plusieurs Œuv. de Sonates & Concerto pour cet instrument.

Hetteler, a fait une Méthode pour la Flûte.

Hoffmann, a fait des Symphonies à grand orchestre & Duo pour la Flûte.

Hosbmann, a fait des Quatuor pour deux Clarinettes & deux Cors-de-chasse.

Ibotte, Haut-bois. *Rue de l'Université, hôtel de Villeroy.*

Kaaf, a fait des Sonates pour la Flûte.

Kaar, Œuvres de Symphonies pour la Flûte & Concerto.

Kamel, a fait plusieurs Œuvres de Symphonies, Quatuor, Trio, Duo & Concerto pour la Clarinette.

Klin, Maître de Clarinette. *Hôtel de Condé.*

Krache, Maître de Flûte. *Rue S. Etienne, porte S. Denis.*

Kretlay, Flûte & Haut-bois à la Comédie Italienne.

LEBRUN, célebre Haut-bois, dont on a divers Trio pour la Flûte.

Ce Virtuose s'est fait entendre plusieurs fois au Concert Spirituel avec un égal succès, & a toujours paru étonnant & nouveau dans les choses même qu'il répétoit.

Leloup, Flûte de l'Amb.-Comique. *Rue des Vieilles Garnisons.*

Levasseur, Maître de Clarinette.

Lidarti, a fait des Trio, Duo & Sonates pour la Flûte.

Lidel, a fait des Sonates & Duo pour la Flûte.

Lorenziti, Quatuor pour la Flûte.

Mahaut, a fait des Sonates & une Méthode pour la Flûte.

Martini, est Auteur de plusieurs œuvres de divertissemens militaires pour la Clarinette, le Cor-de-chasse & Basson. *Rue Neuve-Saint-Eustache.*

MICHEL, a exécuté au Concert Spirituel plusieurs Concerto de Clarinette, dans lesquels il a montré un jeu plein de légereté & de délicatesse, un coloris vif & brillant, & fait entendre des sons plein de netteté & filés avec le plus grand art. *A l'hôtel de Villeroy.*

Morigy, a fait des Duo pour la Flûte, le Haut-bois & le Basson.

Mussart, Maître de Flûte. *Rue S. Martin.*

Patoni, a fait des Sonates pour la Flûte.

Pugniani, a fait des Symphonies concertantes, Quintelli, Quatuor, Trio, Duo, Sonates & Concerto pour la Clar.

Péant, excellent Maître de Flûte & de Haut-bois. *Rue de la Vieille Monnoye.*

Pillet, Maître de Flûte, Haut-bois & Clarinette. *Rue du Four-S.-Honoré.*

RAEFFER, Flûte & Clarinette du Concert Spirituel, *au Palais royal, cour des Fontaines.*

Raimond, a fait des Duo & Trio pour la Flûte.

Ralghen, a fait un Recueil d'airs d'harmonie pour deux Clarinettes, deux Cors-de-chasse & deux Basses.

RATHÉ, célebre Clarinette.

A joué au Concert Spirituel plusieurs Concerto de sa composition, dans l'exécution desquels il a montré une vive chaleur de tête, un grand fond de poitrine, & parcouru avec une agilité surprenante & merveilleuse, toutes les dimensions possibles de cet instrument, dont il a l'art de tirer naturellement & sans effort les sons les plus agréables & les plus flatteurs.

RAULT, premiere Flûte de la Musique de la Chambre du Roi, a fait plusieurs Trio.

Ce Virtuose est le premier qui ait trouvé l'art d'enfler & diminuer à son gré les sons naturels sur cet instrument, & de lui donner toute l'étendue, la légereté & les nuances de la voix la plus melodieuse & la plus agréable. *Rue Saint-Honoré.*

Richard, Basson à l'Opera.

RICHTER, a fait plusieurs Quatuor & Sonates pour la Flûte, & plusieurs Symphonies exécutées au Concert Spirituel avec succès.

Rigel, le jeune. *Rue neuve Saint-Roch.*

ROESER, célebre Compositeur, connu par nombre d'œuvres de Symphonies, Quatuor pour la Clarinette & le Haut-bois, Duo, Sonates & Recueils d'airs variés pour la Flûte, & d'airs d'harmonie pour deux Clarinettes, deux Cors-de-chasse & deux Bassons, avec un Essai d'instruction à l'usage de ceux qui composent pour la Clarinette & le Cor-de-chasse. *Rue Froidmanteau.*

ROSETTI, a fait des Quatuor, Sonates & Concerto pour la Flûte & Cor-de-chasse, & plusieurs Symphonies pour le Concert Spirituel, qui ont été exécutés avec succès.

SALLANTIN l'aîné, premiere Flûte & Haut-bois de l'Opera.

A exécuté au Concert Spirituel plusieurs morceaux de sa composition, dans lesquels on a trouvé que son jeu étoit plein de facilité, de grâce, & avoit une finesse de tact qui rend les sons de ce dernier instrument clairs, transparens & inimitables.

Sallantin le jeune, pour la Flûte. *Rue de Seine, chez le Luthier.*

Sallantin, neveu, *idem.*

Sallard, même maison, *idem.*

Scharff, pour la Clarinette. *Rue des Poulies, chez l'Epicier.*

Schindler, pour la Flûte & le Haut-bois. *Rue du Chanvre, hôtel S. Paul.*

Schismor, a fait des Sonates pour la Clarinette.

Schvindt, a fait des Trio & Duo pour la Flûte.

Stamitz (Charles), Quatuor & Concerto de Clarinette.

Taillard, Maître de Flûte, *Rue de la Monnoye.*

Tarade, a fait une Méthode de Principes pour la Clarinette.

Touli, a fait des Trio pour deux Clarinettes & un Basson.

Traversa, a fait des Quatuor, Trio, Concerto, & différens airs variés pour la Clarinette.

WACHTRET, a exécuté au Conc. Spirituel un Concerto sur la Clar. qui lui a mérité les plus vifs applaudissemens par la facilité de son jeu & la netteté des sons qu'il a tirés de cet instrument.

Vagner, a fait des Duo pour la Flûte & Sonates pour la Clar.

Vanderhagen, a fait plusieurs Recueils d'airs choisis pour la Clarinette, tirés des meilleurs Opera-Comiques, Quatuor, Duo, &c. & est Editeur du Journal d'harmonie militaire pour deux Clarinettes, deux Cors-de-chasse & deux Bassons.

Vanderick, seconde Flûte à l'Opera.

Vanhal, Quatuor, Trio, Duo & Sonates pour Flûte & Clar.

Veiss, a fait des Trio de Flûte, Violon, Basson, & Solo de Flûte.

Verdini, a fait des Duo pour la Flûte.

Ugel, a fait différens airs pour la Clarinette.

VOGEL, jeune Compositeur du Concert Spirituel, y a fait exécuter un Oratorio & des Quatuor, Trio & Sonates pour la Flûte, qui ont eu le plus grand succès.

WOUDERLICH, seconde Flûte à l'Opera, a exécuté avec succès au Concert Spirituel plusieurs Concerto de sa composition. *Rue des vieux Augustins.*

Cors-de-chasse, & Trompettes.

Braunn, Corps de chasse de l'Opéra & trompette. Rue *Mont-Martre, vis-à-vis le caffé Dauphin.*

Braunn le jeune, Corps de chasse & Trompette. Rue *de Richelieu*, N°.

Caraffe le jeune, Trompette.

Comis, a fait plusieurs Symphonies concertantes & à grand Orchestre, Sonates & Concerto pour Corps-de-Chasse & Violoncel.

Dampierre, a fait plusieurs recueils d'airs Bohémiens & fanfarre pour le Corps-de-Chasse.

Dargent, premier Corps-de-Chasse de la Comédie Italienne. Rue *Pavée Montorgueil.*

Devert, rue Comtesse-d'Artois.

Dumonel, premier Corps-de Chasse à la Comédie Françoise. Rue *de la Comédie Françoise.*

Heina, Corps-de-Chasse & Trompette de la Comédie Françoise. Rue *de l'Université, Hôtel de Villeroi.*

Holluba, Corps-de-Chasse de la Comédie Italienne. Rue *Froidmanteau.*

Lebrun, Corps-de-Chasse. Rue *de l'Université.*

Louis, Corps-de-Chasse de la Comédie Françoise. Rue *des Boucheries S. Germain.*

Mozert, Corps-de-Chasse à l'Opéra.

Nau, Corps-de-Chasse & Trompette à l'Opéra.

Palsa, excellent Corps-de-Chasse. Rue *de Varenne, à l'Hôtel de Monaco.*

MUSIQUE.

Heltain le jeune, éleve du célebre Punto, a exécuté au Concert Spirituel un Concerto de Corps-de-Chaſſe, avec beaucoup de légéreté & de délicateſſe.

Prati, a fait la muſique de l'Ecole de la jeuneſſe, & pluſieurs Sonates pour le Corps-de-Chaſſe, les Tymbales, &c.

Punto, célebre Corps-de-Chaſſe ordinaire de la Muſique de M. le Comte d'Artois.

Ce Virtuoſe a trouvé l'art de vaincre toutes les difficultés de cet inſtrument, & d'en adoucir les ſons. Pluſieurs Quatuors, Trio & Concerto de ſa compoſition, qu'il a exécutés au Concert Spirituel, lui ont mérité du Public, à juſte titre, des témoignages flateurs de ſa ſatisfaction.

Rodolphe, premier Corps-de-Chaſſe de la Muſique du Roi, eſt auteur de la Muſique d'*Iſmenor. L'Aveugle de Palmir*, &c. A Verſailles.

Schurff, Corps de Chaſſe & Clarinette à l'Opéra. Rue *S. Honoré, vis-à-vis celle des Poulies.*

Sieber, premier Corps-de Chaſſe à l'Opéra, & Maitre de Harpe. Rue *S. Honoré, vis-à-vis l'Hôtel d'Aligre.*

Tierſmied, excellent Corps-de Chaſſe. Rue *de Varenne, Hôtel Monaco.*

Baſſons, Serpens, Timbales & Tambourins.

Antoni, Baſſon du Concert Spirituel, a l'art de tirer de cet Inſtrument ſec & lugubre des ſons moëleux & agréables.

Bochmer, Baſſon à la Comédie Italienne.

Caraffe le jeune, Tymbalier.

Carbonet, Tambourin.

Chauvet, Serpent à la Sainte Chapelle.

Chateauminois, célebre Tambourin & premiere Flûte des Var. Amuſ. Rue *de Grenelle, près celle du Pélican.*

Coppeaux, Tymbalier. Rue *Aumaire.*

Damas, Serpent à Notre-Dame.

Dard, Baſſon penſionné de l'Académie Royale de Muſique, a fait les amuſemens de Chanteloup, une étude de Flûte, un Recueil d'airs choiſis pour les Inſtrumens des Sonates, pour le Baſſon, & une méthode ou principe de Muſique. Rue *de la Monnoye.*

Denis, Tambourin, *rue des Amandiers, quartier ſaint Hilaire.*

Deſchamps, Serpent à S. Germain-l'Auxerrois.

Deſcombe, Serpent à la Sainte Chapelle.

Deſtouches, Baſſon de la Comédie Italienne. Rue *Plâtriere.*

Devienne, Virtuoſe diſtingué, a exécuté au Concert Spirituel alternativement pluſieurs Concerto de Flûte &

de Baſſon, avec le plus grand ſuccès. Rue *S. Honoré, vis-à-vis celle de l'Arbre-Sec.*

Duclos, Baſſon à Notre-Dame.

Erneſt, Tymbalier. Rue *S. Honoré, vis-à-vis les Ecuries d'Artois.*

Felix, Baſſon, a fait des Duos différens de Colinette à la Cour, & pluſieurs airs variés pour la Guittarre. Rue *des Poulies.*

Feret, le jeune, Tambourin, *rue de la Calandre, près le Palais, chez le Rôtiſſeur.*

Fournier, Serpent à S. Germain-l'Auxerrois.

Gourier, Baſſon à Notre-Dame.

Gazel, Serpent aux Innocents.

Golvain, Baſſon à l'Opéra. Rue *S. Denis.*

Hibot, Baſſon à Notre-Dame.

Ledel, Tymbalier. *Porte S. Martin.*

Louis, Baſſon du Concert Spirituel. Rue *des Quatre-Vents.*

Lunet, Baſſon à Notre-Dame.

Pariſot, Baſſon à l'Opéra, & Maître de Muſique Vocale. Rue *de la Monnoye.*

Pillet, Baſſon & Haut-Bois, penſionné de l'Académie Royale de Muſique. Rue *du Four S. Honoré.*

Raoul, Baſſon à Notre-Dame.

Rogat, Baſſon à Notre-Dame.

Siret, a fait des Concerto pour le Baſſon.

Tilliet, Baſſon. Rue *de Varenne, Hôtel de Monaco.*

CONCERTS PARTICULIERS.

Acloque, Amateur, tient chez lui les Dimanches & Fêtes un Concerto particulier. Rue *du Harlay au Marais.*

Albaret (Comte d'), Amateur, tient en ſon hôtel des Concerts particuliers très-bien compoſés, ou ſe réuniſſent les Virtuoſes & Amateurs d'un mérite diſtingué. Rue *des Martyrs.*

Baage (Baron de) Amateur, tient tous les Vendredis en ſon hôtel, pendant l'hiver, un des plus beaux Concerto particulier de cette Capitalle. Il s'y fait un plaiſir d'admettre tous les Virtuoſes étrangers & amateurs qui déſirent débuter en cette Capitale, ou s'y faire connoitre par leurs talens. Rue *de la Feuillade.*

Champion, Maître de Violon, tient chez lui tous les Samedis, dans l'hiver, des Concerts particuliers. Rue *des Vieux Auguſtins.*

MUSIQUE.

Copistes de Musique.

Bailleul, Cloître-Saint-Médéric, maison de M. Gerbet.
Bailly, Copiste du Concert des Amateurs; quai *Pelletier*, N°.
Camouche, rue des Boucheries-Saint-Germain.
Frere, passage du Saumon.
Houbaut, Copiste des Menus-Plaisirs du Roi, & de la Comédie Italienne; place de la *Comédie Italienne*.
Lefevre, Copiste de l'Opéra, rue *Sainte-Appolline*.
Mielle, Copiste de la Com. Franç., rue de *Bourbon-Villeneuve*,
Rahoul, Copiste de la Comédie Françoise; rue de l'*Université*, Hôtel de Villeroy.
Sauvant, Copiste du Concert Spirituel.
Vuiet, Copiste de l'Opéra, rue *Joquelet*.

Editeurs, Graveurs & Marchands de Musique.

Bailleux, Auteur, Editeur & Md. de Musique; rue *S. Honoré*.
Baillon, Editeur & marchand de Musique, rue Neuve des *Petits-Champs-Richelieu*.
Bignon, Graveur & marchand de Musique, place du *Louvre*.
Bureau (le) d'abonnement musical, rue du *Hasard*.
Castagnery (Mlle), marchande de Musique, rue des *Prouvaires*.
Durieu, Editeur & marchand de Musique, rue *Dauphine*.
Frere, Graveur & marchand d'ariettes, contre-danses & pots-pourris; passage du *Saumon*.
Hawal-l'Ecuyer, Correspondant-Général des Spectacles de Province du Royaume, éditeur & marchand de musique, *Cour du Commerce*.
Houbaut, Editeur & marchand de musique, place de la nouvelle *Comédie Italienne*.
Leduc, Edit. & marchand de musique, rue *Traversiere-S.-H.*
Leroy, Grav. & marchand de musique, place du *Palais-Royal*.
Lemenû (madame) & *Boyer*, Mds. de musique, rüe du *Roule*.
Michaud, Edit. & Md. de Mus., rue des *Mauvais-Garçons*.
Roulé de la Chevardiere, Editeur & marchand de musique, rue *Saint Honoré*, près l'Hôtel des Américains.
Sieber, Editeur & marchand de musique, rue *Saint Honoré*.
Tarade (madame), Marchand de musique ordinaire de la Reine, rue *Saint Honoré*, près l'hôtel d'Aligre.

Correspondans de Province.

A *Amiens*, Agnès.
A *Angers*, Hudoux.
A *Arras*, Aubry & Legras.
A *Ausbourg*, Lotter.
A *Beauvais*, Gaudet.
A *Blois*, Letourmy.
A *Bordeaux*, Labottiere, freres, Libraires.
A *Bruxelles*, Godefroy.
A *Caen*, Lafontaine, marchand de musique.
A *Cambray*, L'herry, freres.

G

MUSIQUE.

A *Chartres*, Jouanne.
A *Dijon*, Castoldy.
A *Dunkerque*, Dupont, marchand de musique.
A *Francfort*, Otto, Organiste.
A *Lille*, Agnès.
A *Limoges*, Jean Gilles.
A *Londres*, Longman & Luckey, Cheapside.
A *Lyon*, Castaud, Libraire.
A *Manheim*, Goetz & Comp.
A *Marseille*, Laurent.
A *Meaux*, Prudhonn.
A *Metz*, Marchal,
A *Nancy*, Capry.
A *Nantes*, Hugard de S. Guy.
A *L'Orient*, Duquesnel.
A *Orléans*, Letourmy.
A *Poitiers*, Fatoux.
A *Pontoise*, Renaud.
A *Rennes*, Guillot.
A *Rouen*, Guedra.
A *Saumur*, Lepelé.
A *Strasbourg*, Bover, Libr.
A *Tours*, Letourmy, l'aîné.
A *Troyes*, Rolland.
A *Versailles*, Blaizot.
A *Vienne*, Atteria & Comp.

Magasins de papiers rayés pour la Musique.

Costard (veuve), à l'Apport-Paris.
Deslauriers, rue Saint-Honoré.
Leclerc, rue de l'Arbre-sec.
Lerobergher, au Bureau d'Indication général.

Tient Fabrique & Manufacture royale de papiers rayés pour la Musique & le service général des Bureaux de Finance, dans laquelle il exécute toute espece de rayeures, d'une maniere aussi exacte que la Gravure, & avec autant de célérité que l'impression, par un procédé mobile & de son invention, qui lui a mérité l'approbation de l'Académie royale des Sciences, avec Arrêt du Conseil & Lettres Patentes enregistrés au Parlement.

Imprimeurs en Taille-douce pour la Musique.

Aubert (veuve), rue Zacharie.
Basset, rue Fromentelle,
Bernard, rue Saint-Jacques, vis-à-vis S. Yves.
Borelly, rue Saint-Jacques, vis-à-vis celle de la Parcheminerie.
Bureux, rue des Mathurins, près la rue Saint-Jacques.
Chouin, rue des Carmes.
[illegible], rue du Plâtre Saint-Jacques.
[illegible], rue de l'Arbre-sec, près la Fontaine.
[illegible] (veuve), rue de la Pelieterie.
[illegible], Place Maubert.
Thevenard (Madame), rue Saint-Jacques.

Fondeurs de caracteres pour la Musique.

[illegible] (veuve), rue des Postes.
[illegible], sur l'Estrapade.

MUSIQUE.

Imprimeurs en Lettres pour la Musique.

Ballard, rue des Mathurins.
Cailleau, rue Saint-Severin.
Grangé, rue de la Parcheminerie.
Quillau, rue du Fouarre.
Simon, pour la grosse musique, &c. Rue *Saint Jacques.*

Luthiers ou Facteurs d'instrumens de Musique à cordes, à chevalet & à cordes pincées.

Bachelier, pour le violon, &c. Place *Baudoyer.*
Chibou, rue de la Grande-Truanderie.
COUSINEAU, Luthier ordinaire de la Reine, un des plus renommés pour la Harpe & la Guitare.

Cet habile Artiste vient d'introduire sur la harpe un double rang de pédales mobiles, au moyen desquelles, sans que l'usage des unes ni des autres devienne plus difficultueux, on peut former à volonté un demi ton *majeur* ou *mineur*, selon l'occurrence, & selon que l'exigent les principes & l'exécution même de la Musique. *Rue des Poulies.*

Deschamp, pour le violon, rue de *Seine.*
Fleury, pour le violon, rue des *Boucheries*, Fauxb. S. Germ.
FREIN, un des plus renommés pour le violon ; rue *Montmartre*, cul-de-sac Saint-Pierre.
Kolisker, pour le violon ; rue des *Fossés-Saint-Germain.*
Henoc, pour le violon ; Fauxbourg *Saint-Antoine.*
Holtzmann, pour la Harpe ; Fauxbourg *Saint-Antoine.*
Lafleur, le violon ; rue de la *Verrerie.*
Lambert, le violon, rue *Michel-le-Comte*
Lecomte, le violon ; rue des *Fossés-Saint-Germain.*
Lefebure, le violon ; cimetiere *Saint-Jean.*
Lejeune, le violon ; rue de la *Juiverie.*
Louvet, pour le Viol. la Harpe ; rue *Croix-des-Petits-Champs.*
Michelot, le violon ; rue *Saint Honoré.*
NADERMANN, pour la Harpe & la Guitare ; rue *d'Argenteuil.*
NANI, renommés pour le Violon ; place du *Louvre.*
Nellesse, pour la Harpe & la Guitare ; rue du *Verd-bois.*
Nermel, pour le Violon ; rue *Pot-de-fer*
Paris, pour le Violon ; rue *Saint Honoré.*
Peroux, pour le violon ; place de la *Comédie Italienne.*
Picque, pour le Violon ; rue *Plâtriere.*
Prevot, pour le Violon ; rue de la *Verrerie.*
Precier, pour le Violon ; *Marché-neuf.*
Remi, pour le Violon ; rue *Tiquetone.*
Renault, pour la harpe ; rue de *Bracq.*
Renaudin, pour le Violon ; rue *Saint Honoré.*

MUSIQUE.

SAINT PAUL, le Violon, rue des *Fossés-S. Germain-des-Prés.*
Simon, pour le Violon; rue de *Grenelle-Saint-Honoré.*
SIMON (veuve), une des plus renommées pour le Violon & la Guitare. *Carrefour du quai de l'Ecole.*
Thipanou, pour le Violon; rue Saint *Thomas-du-Louvre.*
Walter, pour le Violon; rue de *Bourbon*, porte S. Denis.
Voltayer, pour la harpe; carré de la porte *Saint-Denis.*
Zimmermann, pour la harpe & la Guitare; rue de *Grenelle-S.-Honoré.*

Facteurs d'instrumens à vent.

Amlingue, rue du Chantre.
Delusse, quai Pelletier.
Deschamps, rue de l'Arbre-sec.
LOT, un des plus habiles & des plus renommés pour ces Instrumens; rue de l'*Arbre-sec.*
LOT, *idem.* A l'Abbaye *Saint-Germain.*
Portaux, rue des Cordeliers.
PRUDENT THERIOT, un des plus renommés; rue *Dauphine.*
Tortochol, rue du Four-Saint-Germain.

Facteurs d'orgues.

Bebet, rue du Temple.
CLICQUOT, un des plus renommés; rue des *Enfans-rouges.*
Galerie, rue Neuve-Saint-Laurent.
Larue, cimetiere Saint-Jean.
Miogue, carré Sainte-Genevieve.
Richard, Cloître Saint Honoré.
Somer (Louis), rue Contrescarpe, Luxembourg.
Somer (Antoine), Fauxbourg Saint-Denis.

Facteurs de Cors-de-Chasse.

Cormeri, rue Merciere.
RAOUX freres, les plus renommés; place du *Louvre.*

Facteurs de Serinettes.

Duvrainville, place de Greve.
Narbert Ferry, grande rue du Fauxbourg Saint-Antoine.

Accordeurs de Clavecins & de Piano-Forte.

COUSINEAU, rue des Poulies.
GERMAIN, pour le Clavecin en peau de Buffle; rue des *Fossés-Saint-Germain.*
Grenot, au Marché-neuf, à la Cage.

Peintre & Doreur de Clavecins & de Forte-Piano.

Doublet, rue Sainte-Anne, au coin de la rue de Langlade.

SPECTACLES.

CONCERT SPIRITUEL.

Le Concert Spirituel se soutient toujours avec succès sous la Direction & par les soins de M. Legros, ci-devant premiere Haute-Contre à l'Opéra, Pensionné du Roi & de l'Académie royale de Musique.

Ce Directeur n'épargne rien pour faire entendre, pendant les vacances des autres Spectacles, la plus belle Musique, tant nationale qu'étrangere, ainsi que les plus célebres Virtuoses; & toujours attentif à entretenir l'émulation parmi les talens, il n'a pas craint de sacrifier son intérêt personnel & d'abandonner, l'année derniere, le produit de quelques Concerts au profit des *Virtuoses* qui se sont fait remarquer avec le plus de distinction.

Les Musiciens qui composent ce Concert étant presque tous tirés de l'Académie royale de Musique & attachés à l'Opéra, nous n'ajouterons rien à ce que nous en avons déjà dit à l'article des plus habiles Musiciens en chaque genre. *Voyez* Musique.

OPÉRA.

De tous les Spectacles inventés pour l'amusement, il n'en est point de plus magnifique, de plus étonnant, de plus ingénieux & de plus accompli que l'Opera.

Tout ce que la Poësie, la Musique, la déclamation, la Danse & la Peinture ont de plus séduisant s'y réunissent pour flatter les sens, charmer le cœur & enchanter l'esprit; mais ce superbe Spectacle cesseroit bientôt de l'être, si les arbitres de nos plaisirs n'apportoient la plus scrupuleuse attention dans le choix du sujet, l'accord de la musique avec les paroles, & la liaison des danses avec l'action; enfin, dans la convenance des décorations, & généralement dans tout ce qui peut concourir à l'union parfaite qui doit regner entre toutes les parties qui le composent & d'où seul peut naitre l'illusion.

Doubles.

Dufresney, *rue de Rouen.*

Cet Acteur, doué d'une taille avantageuse & d'une figure intéressante, double les premiers rôles de Haute-Contre avec beaucoup d'intelligence.

Martin, *Place de l'Ecole.*

Digne Eleve de M. Parent; double les premiers rôles de Haute-Contre. Sa maniere de chanter, toujours simple, mais prononcée avec un art infini, fait concevoir à son égard les plus flatteuses espérances.

Reingard, *rue des grands Augustins.*

Double les premiers rôles avec succès.

Premier Coriphée chantant dans les Chœurs.

Jalaguier, *rue S. Denis, près S. Chaumont.*

CANTATRICES.

Premiers Sujets chantant seuls.

Duplant (Mademoiselle), *rue de Richelieu.*

Superbe dans les rôles à baguettes & dans les Reines. Une taille avantageuse, une voix d'une vaste étendue, un jeu plein de noblesse. On ne peut guere réunir à un plus haut dégré les dons de la nature & les perfections de l'art.

Levasseur (Mademoiselle), *rue de Provence.*

Joue les Princesses avec un talent consommé, chante avec une expression infinie. Il n'est pas possible de se mieux dessiner ni de mettre dans son geste plus de graces & de majesté : l'œil est déjà satisfait avant que l'oreille ait eu le plaisir de l'entendre.

Saint-Huberti (Mlle), *Boulev. de la Coméd. Ital.*

Une des premieres Cantatrices de l'Europe & des plus célebres Actrices qui aient jamais paru sur la scene lyrique, est sublime dans tous les rôles, & inimitable dans celui de Didon.

Adjointes.

Gavaudan (Mlle) l'aînée, *rue S. Thomas-du-Louvre.*

Joue les rôles de l'Amour & de jeune Princesse. La voix la plus fraîche, la figure la plus intéressante, le jeu le plus expressif, obtient chaque jour à cette Actrice des succès brillans & mérités. Il semble que la nature l'ait formée pour être l'objet des pinceaux de Boucher, la Muse des Poëtes Erotiques, & l'ornement du Théâtre qui la possede.

JOINVILLE (Mlle), *rue Traversiere.*

Joue avec succès les rôles de Reine, & met beaucoup de noblesse & d'expression dans son jeu, d'éclat & d'énergie dans son chant. Le Public desireroit seulement de la voir paroître plus souvent sur la scene.

MAILLARD (Mlle), *Cul de-sac du Coq.*

Joue les premiers rôles de Princesse. Cette Actrice a reçu de la nature toutes les qualités nécessaires pour la rendre un jour une des plus célebres Actrices. Une belle taille, une charmante figure, un port noble, une voix très-étendue & du plus beau timbre, font de grands avantages, & Mlle. Maillard les possede tous : aussi le Public la voit tous les jours avec le plus grand plaisir doubler Mlle. Saint-Huberti, & marcher à grands pas sur les traces de cette célebre Actrice.

Doubles.

AUDINOT (Mademoiselle), *rue Thévenot.*

Double particuliérement les rôles de l'Amour & de jeune Paysanne avec autant de grâce que d'ingénuité.

CASTELLO (Mademoiselle), *Fauxbourg S. Denis.*

Double les rôles de Princesse, & joint à une taille avantageuse une figure charmante, une voix agréable & flexible très-propre pour les airs tendres & légers.

CHATEAUVIEUX (Mademoiselle), *rue S. Martin.*

Superbe voix; double les rôles majestueux & à baguettes, & met dans chacun tout le dégré d'expression & de sensibilité qu'exige la musique imitative & théâtrale.

DOZON (Mademoiselle), *rue des Prouvaires.*

Digne eleve de M. Lais; a débuté dans les rôles de Princesse avec un succès sans égal. Une voix pleine d'expression, un jeu bien senti, de l'énergie, une superbe articulation, & la véritable déclamation dans le récitatif; telles sont les qualités précieuses que possede & qui ont mérité à cette nouvelle Actrice les plus vifs applaudissemens.

GAVAUDAN (Mlle.) cadette, *rue S. Thomas-du-Louvre.*

Double les premiers rôles dans la Bergerie, & y développe un organe brillant & flatteur qui semble toujours conduit & guidé par le goût.

OPERA.

Premieres Coriphées.

GIRARDIN, *rue S. Denis, près le Boulevard.*

THAUNAT, *rue du Temple.*

DANSE.

Maître de Ballets.

GARDEL l'aîné, *rue neuve S. Roch.*

Premier Maître de Ballets. Citer ceux de *Mirza*, de *la Rosiere*, de *Ninette à la Cour*, & de *la Chercheuse d'esprit*, est le plus parfait éloge que l'on puisse faire des talens de ce célebre compositeur.

Premiers Danseurs.

GARDEL cadet, *rue des Petites Ecuries.*

Adjoint à la composition des Ballets. Un des plus célebres Danseurs de l'Europe : doué d'une superbe taille & d'une figure intéressante, est sublime sur-tout dans le genre noble & sérieux, & réunit dans tous ses mouvemens toujours moëleux & bien arrondis, la force, l'à-plomb, la noblesse & les grâces.

VESTRIS, *rue de Choiseul.*

Premier Danseur pour les demi-caracteres, réunit à une taille élégante & une figure intéressante, une vigueur, une souplesse, une élasticité & une légéreté qui ont justifié dans plus d'une Cour de l'Europe que ses talens ne sont ni au-dessous des éloges qu'on lui a prodigués, ni de la célébrité qu'il s'est acquise.

NIVELON, *rue de la Michaudiere.*

Premier Danseur dans le genre comique, est grand Pantomime, & réunit à une très-grande légéreté, une intelligence & une expression qui semblent devoir bientôt caractériser en lui les talens du célebre d'*Auberval* qu'il a remplacé.

Adjoints.

FAVRE, *rue S. Denis, vis-à-vis Saint-Chaumont.*

Doué d'une taille avantageuse, danse avec succès les caracteres nobles & sérieux, & n'est pas moins précieux dans les demi-caracteres.

LAURENT, *rue Verte, Fauxbourg Saint-Honoré.*

Danse avec succès les demi-caracteres, qu'il rend avec autant de légéreté que de naturel & de gaieté.

LEFEVRE, *rue Basse, Fauxbourg du Temple.*

Danse avec succès les comiques & les pâtres.

OPERA.

Doubles.

Degueville, *rue S. Martin, près le Boulevard.*

Double avec succès les demi-caracteres.

Huart, *rue Basse, Porte S. Denis.*

Double avec succès dans le genre noble & sérieux.

Frédéric, *rue des Petits-Carreaux.*

Double avec succès dans les demi-caracteres & le comique.

Premieres Danseuses.

Guimard (Mlle), *rue & Chaussée d'Antin.*

Une des plus célebres Danseuses de l'Europe pour les demi-caracteres & la Pantomime, réunit à une taille svelte & élégante toutes les grâces & la légéreté. Sa danse vive & précise fait naitre la gaieté, & les plaisirs semblent attachés sur ses pas.

Pérignon (Mlle), *rue Neuve Saint-Eustache.*

Premiere Danseuse pour le comique. On ne peut unir à la fois plus de vigueur & de moëleux, de vivacité, de brillant, de légéreté & d'à-plomb.

Adjointes.

Dorival (Mlle), *rue Pavée Saint-Sauveur.*

Douée d'une figure spirituelle, danse les demi-caracteres avec autant de grâces que de légéreté.

Dorlé (Mlle), *rue Taitbout.*

Douée d'une taille avantageuse & d'une figure intéressante, danse avec succès le genre noble & sérieux.

Doubles.

Coulon (Mlle), *rue des Petites Ecuries du Roi.*

Double avec succès le genre noble & sérieux.

Delfgny, *rue de Buffault.*

Double les demi-caracteres avec succès.

Garnier (Mlle), *rue de Bondi.*

Double avec succès le genre noble & sérieux.

Langlois (Mlle), *rue Mêlée.*

Double le comique & le pantomime avec le plus grand succès, & annonce le talent le plus précieux en ce genre.

OPERA.

PHILISBERT (Mlle), *rue du Fauxbourg Saint-Martin.*

Double le comique avec beaucoup de naturel & de gaieté.

SAUNIER (Mlle), *rue de la Lune.*

Douée d'une superbe taille & d'une figure intéressante, double avec succès le genre noble & sérieux.

ZACARIE (Mlle), *rue des Mathurins, Chaussée d'Antin.*

Double les demi-caracteres d'une maniere très-agréable.

OBJETS RELATIFS.

Le Gouvernement qui, de tous, a accordé une protection spéciale à ce Spectacle, lui en a donné une nouvelle preuve par un Arrêt du Conseil d'Etat du 3 Janvier 1784, qui porte établissement d'un CONSERVATOIRE, ou ECOLE ROYALE DE MUSIQUE, de *Chant*, de *Déclamation*, de *Danse*, &c. rue Poissonniere, à l'hôtel des Menus Plaisirs du Roi. Elle tient, excepté les Dimanches & Fêtes, tous les jours de la semaine ; le matin, depuis huit heures jusqu'à une heure, & l'après-dîner, depuis trois jusqu'à cinq heures.

On admet à cette Ecole des jeunes gens des deux sexes, toutefois qu'ils se présentent avec une belle voix, d'heureuses dispositions pour le chant, & qu'ils tiennent à d'honnêtes gens qui répondent de leur conduite & de leur assiduité. Les Sujets ne peuvent être reçus qu'après avoir été présentés à M. *Gosset*, & entendus par tous les Maîtres de Chant & de Musique : & l'ordre le plus sévere regne à cette Ecole, tant du côté du devoir que de celui de l'honnêteté & de la décence.

FÊTES CHAMPÊTRES

Du sieur RUGIERI, *Artificier ordinaire de* MONSIEUR *& de la Ville, rue des Martyrs.*

De tous les Spectacles d'été, un des plus agréables est, sans contredit, celui que donne le sieur *Rugieri* tous les Dimanches & Fêtes pendant la belle saison, sous le titre de *Fêtes Champêtres.*

Un jardin orné de bosquets artistement distribués & ornés le soir d'un nombre infini de lampes de différentes couleurs, forment le coup-d'œil le plus séduisant. Un orchestre bien composé fait danser, dans un vaste salon de verdure, huit à dix contredanses à la fois. Ces fêtes sont ordinairement terminées par un superbe feu d'artifice dont les pieces, toujours variées, captivent sans cesse les amateurs par les attraits de la nouveauté & les charmes de la bonne exécution.

THEATRE FRANÇOIS.

Les Comédiens étoient tellement honorés à Athènes, qu'on les chargeoit quelquefois d'Ambaſſades & de négociations importantes.

L'Angleterre n'a pas même fait difficulté d'accorder à Mademoiſelle *Olſids*, & tout récemment au célebre *Garrick*, un tombeau à *Veſtminſter* à côté de Newton & des Rois.

Il réſulte d'une Déclaration de Louis XIII, enregiſtrée au Parlement en 1641, & d'un Arrêt du Conſeil du 16 Septembre 1640, rendu en faveur de *Floridor*, Gentilhomme & Comédien du Roi, que les Comédiens ordinaires de S. M. ne dérogent point, non plus que les Acteurs & Actrices de l'Opera, attendu que ce Spectacle eſt établi ſous le titre d'ACADÉMIE ROYALE DE MUSIQUE.

On ſent aſſez, ſans qu'il ſoit beſoin de le faire remarquer ici, combien la loi que nous nous ſommes impoſée d'écarter de cet Ouvrage toute eſpece de critique, rend notre tâche pénible, & la plupart de nos notices faſtidieuſes, même pour ceux qui en ſont l'objet. Une eſpece de malignité naturelle à tous les hommes, fait chérir la critique; & cette malignité eſt le ſeul vice peut-être excuſable par le bien qui peut en réſulter.

Si les grands talens n'excitoient que l'admiration, ils tomberoient bientôt dans la déſuétude. Les Arts ne ſont jamais plus près de leur décadence, que lorſque l'homme n'aborde plus l'Artiſte que l'encenſoir à la main. C'eſt une vérité, nous la ſentons, mais nous nous ſommes fait un plan de préſenter les Artiſtes tels qu'ils ſont réellement, pris chacun, toutefois, ſous l'aſpect le plus avantageux.

C'eſt aux Amateurs éclairés, aux Artiſtes même, à nous guider dans la nouvelle carriere que nous avons embraſſée. Nous ne voulons être que l'écho fidele de la renommée; & cet emploi, nous l'avouons, ſeroit pour nous bien agréable, ſi nous avions toujours des motifs auſſi plauſibles que dans ce moment ci.

ACTEURS.

BELLEMONT, *rue des SS. Peres.*

Cet excellent Acteur joue les rôles de Paysans avec tant de naïveté qu'on peut le placer au nombre de ceux qui, depuis l'établissement du Théâtre François, se sont le plus distingués dans ce genre, dont la simplicité & la nature font tout le mérite. La moindre charge en effet rendroit ce rôle insoutenable; aussi M. Bellemont n'employe-t-il jamais ce moyen qui décéle communément l'impéritie du Comédien, & toutefois il amuse, intéresse & fait rire. Son jeu annonce une ame pure, une franchise agreste, un cœur sensible; & véritablement il posséde toutes ces qualités qui le rendent cher à ses amis.

BRIZARD, *rue Saint-Dominique, au gros Caillou.*

Ce célèbre Comédien est peut-être le seul exemple où l'on soit véritablement embarrassé de décider qui des deux l'emporte ou de la nature ou de l'art. Ce que l'on peut assurer c'est que si leurs dons indépendans l'un de l'autre s'étoient répandus au même degré sur deux individus différens, on auroit encore deux acteurs excellens par les qualités qu'il réunit en lui seul.

La figure la plus heureuse, une taille riche, la plus belle chevelure, un superbe organe, une mémoire imperturbable, l'ame la plus sensible : voilà *l'ouvrage de la nature.*

La diction la plus pure, les termes les plus nobles, les gestes les mieux développés, chacun de ses mouvemens formant un tableau dessiné par les graces : voilà *les dons de l'art.*

La majesté de son physique lui désignoit le trône; la chaleur de son ame l'appelloit à l'emploi des peres. Quelle noblesse dans Mitridate! Quelles entrailles dans le *Pere de famille*! Sublime dans ces deux situations, & de Pere & de Roi, il est encore inimitable, lorsqu'elles se réunissent ensemble, comme dans *Brutus*, *Venceslas*, &c. La main de l'âge, qui prépare nos regrets, en sillonant son front, loin de nous accoutumer à une privation cruelle, mais inévitable par l'altération graduelle de ses talens, semble au contraire lui donner un vernis plus brillant, une effervescence plus marquée. Puisse-t-il par la longueur de sa carriere imiter le célebre *Baron*, autant qu'il l'a surpassé par ses talens, & reculer ainsi l'instant cruel que nous prépare sa retraite par l'extrême difficulté, pour ne pas dire l'impossibilité de la réparer.

COURVILLE, double M. DESESSARTS dans les rôles à manteau & dans l'emploi des grimes, *rue S. André-des-Arts.*

DAZINCOURT, *rue des Fossés M. le Prince.*

Joue les comiques avec un succès mérité. Point de charge, de la décence, de la finesse dans le masque & dans l'expression, de l'agilité & de la grâce dans les mouvemens. Un certain air de ressemblance avec M. Préville semble ajouter une nuance de plus à l'interêt qu'il inspire au Public. On trouve avec plaisir quelques traits d'analogie entre l'homme de mérite & le grand homme.

DESESSARTS, *rue de Vaugirard*, n°. 111.

Joue les Rôles à Manteau, & s'en acquitte avec une vérité & une intelligence inestimable. Il a une bonhomie précieuse dans les maris dupés, un astuce piquant dans les Tuteurs Jaloux, une inquiétude bien sentie dans les Vieillards soupçonneux; & l'on peut dire qu'il possede parfaitement la tradition de Moliere ; il a toujours fait le plus grand effet dans le Commandeur du Pere de Famille, le Bourru bienfaisant & le Comte de Bruxal des Amans généreux.

DORIVAL, *rue de Moliere.*

Joue les Raisonneurs dans la Comédie, & les rôles à récit dans la Tragédie. De l'ame, de l'énergie & une superbe diction sembloient lui promettte une carriere plus brillante, si un peu d'embarras dans la prononciation ne s'étoit pas opposée autant à sa gloire qu'aux plaisirs du public.

Le récit de *Theramenne*, le chef-d'œuvre de la Poésie, & l'écueil des Confidens, est un de ses triomphes.

DUGAZON, *quai des Théatins, à l'hôtel de Bouillon.*

Cet Acteur joue les Comiques avec succès. Une grande gaiété, une bouffonerie qui lui est particuliere, le rendent agréable au public qui le voit toujours avec plaisir.

Né avec toutes les qualités nécessaires pour l'emploi qu'il remplit, il a peut-être été quelquefois au-delà de ce qu'un talent consommé comme le sien peut se permettre; mais le desir de plaire au public en général est un motif puissant qui doit tout faire excuser, & c'est un droit qu'il s'est acquis.

DUNANT, *rue des Fossés M. le Prince.*

Une jolie figure, une taille avantageuse l'ont destiné aux rôles de jeunes Amoureux, dans lesquels il annonce d'heureuses dispositions.

THÉATRE FRANÇOIS.

FLEURY, *rue des Fossés M. le Prince*, double M. MOLÉ dans l'emploi des jeunes premiers.

Un jeu plein de décence, une diction pure, l'intelligence de la scene rendent cet Acteur recommandable dans la Tragédie & la Comédie : mais ce qui le rend plus estimable encore, c'est le peu de prétention qu'il paroît avoir, & une modestie qui a redoublé souvent les applaudissemens que le public accordoit à la supériorité de son expression.

Le talent du Théâtre est un héritage qu'il partage avec une sœur estimable (Madame Sainville) qui depuis long-tems joue avec succès les premiers rôles sur les Théâtres des grandes Villes & des Cours étrangeres. M. Fleury leur pere, long-tems Directeur à Nancy, s'est acquis de la réputation dans les rôles à manteau.

FLORENCE, *rue Guénégault*.

Joue les Confidens dans la Tragédie, & les seconds rôles dans la Comédie.

LARIVE (de), *rue S. Dominique, au gros Caillou*.

Un des premiers Acteurs tragiques de l'Europe. Une superbe figure, un organe sonore, une diction pure, une ame de feu : tel est M. de Larive. Eléve de Mlle. Clairon, successeur de Lekain, sont des titres pesans qu'il soutient avec gloire. Nous ne serions coupable envers lui d'aucune injustice, en ne rendant compte que de ses talens ; mais nous devons à ses amis l'éloge de son cœur. Il est beau de rendre son nom, pour ainsi dire, inhérent à la gloire du grand Corneille, on oubliera peut-être l'Acteur qui jouoit *Cinna* avec tant de supériorité ; mais l'on n'oubliera pas l'homme qui a fait preuve d'un respect si généreux pour la niece du pere de la Tragédie. Inimitable pour le talent, précieux pour les qualités sociales. Il est encore estimable dans les lettres qui lui doivent *Pyrame & Thisbé*, scène Lyrique dont il est Auteur ; nous acheverons l'esquisse d'un portrait qui n'est point flatté, en le louant d'être bon époux. C'est un devoir dans la société ; mais dans un état, par nature, un peu licencieux, c'est un mérite rare.

MARSI, Acteur à pension, *rue des Boucheries S. Germain*.

Joue les Confidens dans la Tragédie, & les Accessoires dans la Comédie.

THÉATRE FRANÇOIS.

MOLÉ, *rue du Sépulchre*..

Cet Acteur, inimitable dans les petits Maîtres, & en général dans tous les rôles dont il se charge dans la Comédie, est d'une sensibilité rare dans le Drame, & a créé les rôles de *Beverley*, de *Saint-Albin*, de l'*Orphelin Anglois*, de *Desronais*, &c. Il a de même un mérite réel dans la Tragédie. Personne n'a mieux joué *Seïde*, *Illus*, *Hamlet*, &c. En nommant cet Acteur si souvent, & si justement loué, ce n'est que rappeller son éloge dans la bouche du public qui ne se lasse point de le faire.

PRÉVILLE, *rue d'Enfer, porte S. Michel.*

Ce célebre Comédien, dont une carriere de plus de 30 années n'a point encore flétri les lauriers, joue avec tant de finesse, de naturel, fait composer sa figure, son maintien, & connoît si bien l'art du Théâtre, qu'un seul geste lui suffit pour exprimer une pensée ou rendre une scene agréable ; c'est sur lui que les yeux de l'immortel *Garrick* se sont fixés dans son voyage en France. Il est de notre destinée d'offrir aux Anglois des rivaux redoutables partout ; les plaisirs même n'en sont point exempts ; & si notre caractere national eût pu s'accoutumer à voir *Larissole* métamorphosé en *Brutus*, nous aurions notre *Garrick* & l'avantage sur nos voisins de le posséder encore.

SAINT-PRIX.

A débuté avec succès dans les premiers Rôles au Théâtre François, où il est resté, & où il joue avec un talent marqué les différens rôles dont il est chargé, & dans lesquels il soutient par de nouveaux progrès l'opinion avantageuse que le Public avoit conçu de ses talens.

VANHOVE, *rue de Moliere*, double M. BRIZARD dans l'emploi des Rois & des Peres nobles, & le double avec succès.

Une belle figure, un superbe organe, un jeu décent, lui ont mérité la bienveillance du Public Obligé de lutter avec un rival qui a tant de droits à la célébrité, il l'a fait avec une modestie & une persévérance dignes de louanges, & qui auroient dû plutôt lui mériter la justice qu'on lui rend aujourd'hui. On juge presque toujours par comparaison, & c'est une injustice, puisqu'il est differens moyens d'arriver à la perfection. Louer les talens avec le langage de la vérité, voilà la tâche que nous nous sommes imposée ; elle est douce, quand les circonstances nous permettent de les féliciter sur les lauriers qu'ils moissonnent, & dont la culture a été lente.

ACTRICES.

BELLECOURT (Madame), *rue de Tournon.*

Sublime dans les Servantes de *Moliere*, & en général excellente dans toutes les Soubrettes. C'est la gaieté la plus franche & la plus naturelle. Personne n'a poussé aussi loin qu'elle l'art de rire à la scene, talent plus difficile qu'on ne croit.

Elle réunit à ce mérite le débit le plus léger, le geste le plus fin, le goût le plus exquis & le jeu le plus décent. Elle est de même infiniment précieuse dans les Paysannes & les Femmes à prétention de *Dancourt;* & par un contraste bien piquant, c'est que si c'est la Bourgeoise la plus ridicule dans Madame *Patin*, c'est la femme du meilleur ton dans la petite Maîtresse de l'Amant Bourru.

Nous ne prétendons rien ajouter par cette notice à la gloire de cette Actrice qui est depuis long-tems au-dessus des éloges. Notre but n'est que de rappeller au public les instans heureux qu'il a passés à l'entendre, & d'engager les étrangers à aller voir au Théâtre François une des premieres Comédiennes de l'Europe.

COMTAT (Madem.), *rue des S.-Peres, près la rue Taranne.*

C'est *Thalie* pour le jeu; c'est *Euphrosine* pour la tournure; c'est *Hebé* pour la jeunesse. Pour le public, c'est son idole; pour la scene, c'est son espoir; pour les Auteurs, c'est leur consolation.

DUGAZON (Mademoiselle), *rue des Fossés M. le Prince.*

Joue les Soubrettes avec intelligence, & d'une maniere spirituelle & agréable.

FANNIER (Mademoiselle), *rue*

Cette charmante Comédienne joue les Soubrettes. Il n'est pas possible de mettre dans cet emploi plus de finesse, plus d'astuce, plus de légéreté, plus de connoissance de la scene. Elle joint à tous ces dons une mine enchanteresse, un œil de la plus fine expression, un geste plein de graces. Le public, qui la voit toujours trop rarement à son gré, lui témoigne chaque fois le plus vif intérêt & la plus grande satisfaction.

LACHASSAIGNE (Madame), *rue de Vaugirard.*

Joue les grandes Confidentes dans la Tragédie, & les caracteres dans la Comédie; elle met dans les premiers beaucoup de décence, & une vérité peu commune dans les seconds.

THÉATRE FRANÇOIS.

Olivier (Mademoiselle), *rue de Condé.*

Une figure agréable & ingénue, une ame sensible & des dispositions flatteuses la font remarquer avantageusement parmi les jeunes sujets que le Théâtre François a acquis depuis plusieurs années.

Préville (Madame), *rue d'Enfer, porte S. Michel.*

Si le talent des Comédiens pouvoit se transmettre à la postérité comme les résultats des autres arts, celui de cette célebre Comédienne serviroit à fixer les idées des races futures sur l'histoire des mœurs des femmes de la haute élégance du dix-huitieme siecle. Elle est effectivement, dans ses différens rôles, la femme du meilleur ton, la petite Maîtresse de la plus haute qualité, la Coquette la plus noble dans le Comique de caractere, la femme la plus sensible dans le Comique larmoyant, la Bourgeoise la plus ridicule dans le Comique de *Dancourt*. Les Pieces vieillissent, mais l'Actrice ne vieillit point; c'est toujours par la mise & par le jeu, le ridicule & l'usage du jour qu'elle nous peint. Enfin, chaque Piece où cette célebre Comédienne joue, a, par la magie de son talent, le charme d'une premiere représentation.

Raucourt (Mademoiselle).

On ne peut la nommer sans que l'enthousiasme ne se réveille. Il n'en est pas, peut-être, deux exemples depuis l'établissement du Théâtre François; & dans l'histoire de ce Théâtre, on citera les débuts de Mlle. Raucourt comme l'on cite aujourd'hui l'incroyable succès de *Timocrate*. En effet, jamais la beauté ne prouva mieux qu'alors l'empire despotique qu'elle a sur les hommes. Ce n'étoit certainement pas la Didon de M. de *Pompignan*, c'étoit la Didon de Carthage; elle a soutenu depuis le poids des réputations trop rapides, & c'est beaucoup. Le prestige s'est évanoui, c'est son talent que l'on juge aujourd'hui. Il est beau de conserver les applaudissemens lorsque les têtes sont réfroidies. Sa carriere ressemble à celle des héros, leur premier âge appartient à la renommée, & leur maturité à la gloire.

Sainval (Mademoiselle) cadette, *rue de la Harpe.*

C'est dans cette charmante Actrice que la sensibilité déploie toutes ses richesses. Quel pere ne voudroit avoir *Antigone* pour fille? Quel amant ne voudroit avoir *Lanassa* pour maîtresse? Quel enfant ne voudroit *Andromaque* pour mere? Et quel homme ne se rappellera avec délice les larmes qu'elle lui a arrachées sous ces différens aspects! On la voit avec enthousiasme, on la nomme en soupirant. Comme la nature avoit partagé tous les talens tragiques entre les deux Sœurs, elle a suivi dans cette distribution les nuances de l'âge. Plus d'âpreté dans le jeu, plus de vigueur dans les moyens étoient le caractere de la premiere; plus de pathétique dans la diction, plus de douceur dans les douleurs annonçoient l'âge le plus tendre; plus Mlle. Sainval cadette déploye de talens, plus l'on se souvient de sa sœur; & ce n'est peut-être pas pour elle un des triomphes le moins flatteur que d'entendre toujours le nom de cette sœur chérie se mêler aux applaudissemens que mérite son talent sublime, chaque fois qu'elle paroît sur la scene.

SUIN (Madame), *rue de Tournon.*

Joue les Confidentes à récit, & a joué avec succès les premiers rôles sur les Théâtres des premieres Villes de Province dans la Comédie & la Tragédie. On lui doit la justice de dire qu'après Madame Préville, c'est peut-être l'Actrice qui ait le mieux rendu Madame *de Clainville* dans la *Gageure*, & qui mette le plus de vérité dans sa diction.

THENARD (Mademoiselle), *rue de Condé*, N°. 7.

A débuté deux fois aux François, & a été reçue à la seconde. On trouve en cette Actrice tout ce qui présage les grands talens tragiques & peut donner lieu d'espérer qu'elle placera son nom parmi les femmes qui ont illustré la scene.

VESTRIS (Madame), *rue des petits Augustins.*

Cette célebre Actrice réunit dans un dégré éminent les qualités essentielles à l'art qu'elle professe.

Une superbe figure, le geste le mieux arrondi, les contours les plus gracieux, une fierté pleine de noblesse, une diction vraie. Si elle est intéressante dans les rôles tendres, elle est sur-tout sublime dans ceux où l'élévation l'emporte sur les foiblesses de l'amour. Mais pour apprécier la sublimité de son talent, il faut la voir dans *Alienor*, *Rodogune*, *Emilie*, &c. Parmi les rôles qu'elle a créés d'une maniere précieuse, on ne doit pas oublier celui de *Gabriele de Vergi*, qu'elle rend de la maniere la plus théâtrale, la plus énergique & la plus terrible.

THÉATRE FRANÇOIS.

SUPPLÉMENT au Théâtre François.

ACTEUR.

SAINT-FAL, *rue de Condé.*

Digne éleve de M. *Préville*, joue les jeunes Premiers dans le Tragique, & les Amoureux & les Petits-Maîtres dans le Comique. Ce jeune Acteur met dans ces deux genres tant de naturel, d'expression & de sensibilité, qu'il fait passer dans l'ame du Spectateur tous les sentimens dont il paroît lui-même agité.

ACTEURS A PENSION.

CHAMPVILLE, *rue des Fossés M. le Prince.*

Joue avec intelligence les Crispins & les rôles que jouoit M. *Bouret.* Il fait plaisir dans les uns & dans les autres, & l'on espére qu'avec beaucoup d'étude, de travail & d'usage, son talent peut un jour devenir très-agréable au Public.

DUNANT. *Voyez sa Notice d'autre part.*

GERARD, *rue des Cordeliers.*

Joue les rôles à manteau. Un débit naturel, beaucoup de bonhommie & de vérité dans son jeu, & une grande habitude du Théâtre, sont les qualités qui l'ont fait goûter du Public qui le voit toujours avec plaisir.

LAROCHELLE, *rue Mazarine.*

Joue les Valets à grande livrée. Cet Acteur a reçu de la nature tous les dons néceffaires pour faire un excellent comique. Une taille avantageuse, un masque piquant, de l'intelligence & de la finesse, donnent lieu d'espérer que le tems & une étude assidus développeront bientôt en lui les heureuses dispositions & le germe d'un talent précieux.

MARSI. *Voyez sa Notice d'autre part.*

NAUDET, *rue de Tournon.*

Joue les Rois & les Peres nobles. Un talent qui semble n'appartenir qu'à lui. Le naturel, la noblesse & la sensibilité qu'il met dans son jeu, lui ont mérité le suffrage de la Province, & lui ont acquis une réputation, dont il n'a rien perdu en paroissant sur le Théâtre de la Capitale.

ACTRICE.

JOLY (**Mademoiselle**), *rue d'Enfer.*

Joue les rôles de Soubrette. Nous trouvons l'éloge de cette jeune Actrice dans une lettre du 30 Décembre 1784, adressée par M. Palissot, aux Auteurs du Journal de Paris, à l'occasion du rôle de *Constance*, qu'elle venoit de jouer dans la Tragédie d'*Inès*, rôle ingrat, dit cet Ecrivain célebre, dans lequel, avec le seul mérite d'une diction pure, correcte, noble & sensible, elle fut applaudie généralement & avec le plus grand enthousiasme. Il ajoute que ce succès fut d'autant plus remarquable, que l'emploi de cette charmante Actrice est de jouer les Soubrettes, & que depuis Mlle. *Dangeville*, il n'a vu personne s'en acquitter avec plus d'intelligence & de finesse. On sent de quel poids est cet éloge de la part d'un homme dont les jugemens en matiere de goût sont regardés comme des décisions & qui doit si bien se connoître en Comédie.

Nous nous permettrons de remarquer encore à la gloire de Mlle. *Joly* qu'aucune Actrice ne s'est distingué par un plus grand zele pour se rendre utile à la Société. On lui a vu jouer les rôles en apparence les plus incompatibles avec son emploi, tels que ceux d'*Agnès* dans l'*Ecole des Femmes*, de *Nanine*, de la *Jeune Indienne*, &c. Et il n'en est point où le Public ne l'ait accueillie avec fureur. Une variété de talens, si rare dans une Actrice de vingt-deux ans, donne l'espoir d'un avenir plus brillant encore ; & ce n'est qu'à des Sujets aussi précieux pour le Théâtre, qu'on ne sauroit trop prodiguer la louange & les encouragemens.

ACTRICES A PENSION.

LAVAUX (Mademoiselle), *rue de Corneille.*

Joue les Amoureuses d'une maniere très-agréable. Cette Actrice, quoique très-jeune, a déjà beaucoup de connoissance de la scene, & joint à une taille élégante, une figure piquante, une intelligence & une sensibilité qui, avec de l'étude & du travail, doivent lui faire espérer le plus grand succès dans l'emploi des grandes Coquettes.

LAURENT (Mademoiselle), *rue des Fossés M. le Prince.*

Joue les rôles d'ingénuité avec beaucoup de naturel.

MAÎTRE DES BALLETS.

DESHAYES, *rue Notre-Dame des Victoires.*

Maître des Ecoles de danse de l'Académie royale de Musique & Maître de Ballets du Théâtre François, compose tous les divertissemens analogues à ce Spectacle avec une intelligence qui fait regretter que le Théâtre François ne lui présente pas de plus fréquentes occasions de développer son talent. Il est encore doublement précieux par l'ensemble & la précision des manœuvres des gardes nombreux qu'exige dans les Tragédies la pompe théâtrale : lui seul en dirige la marche, & cette partie du Spectacle est parfaitement soignée.

THÉATRE ITALIEN.

Ce Spectacle, dont la majeure partie des Pieces étoit autrefois jouée en Italien, n'est composé maintenant que de Pieces Françoises dialoguées ou de Pieces en chant d'arrietes & à Vaudevilles, vulgairement appellées Opera-Comiques.

Les Comédiens Italiens ordinaires du Roi ont cru devoir exercer pour les Auteurs qui travaillent pour leur Spectacle, un acte de justice & de reconnoissance qui fait honneur à leur désintéressement, en leur accordant à l'avenir, pendant leur vie, même portion dans la recette chaque fois qu'elles seront jouées, que celle qui leur étoit accordée aux premieres représentations. Cette récompense, quoique juste en elle-même, devient pour eux un nouveau motif d'émulation qui ne peut tourner qu'au profit du Public & des Comédiens.

ACTEURS.

Camerani, *rue de Favart*.

Cet Acteur, qui a été appellé d'Italie en 1767 pour jouer les rôles d'Amoureux & de Scapin, dont il s'est acquitté à la satisfaction du Public pendant plus de dix années, est maintenant chargé de la régie générale de ce Spectacle, dont il s'acquitte pareillement avec un ordre, une intelligence & une exactitude qui lui ont mérité à juste titre les suffrages & la confiance dont il jouit.

Chenard, *rue Favart*.

Belle Basse-Taille ; a débuté avec agrément au Concert Spirituel & à l'Opéra en sortant de Bruxelles, & s'est fixé aux Italiens, où il est vu avec grand plaisir.

Clairval, *rue Chanterenne*.

Ce célebre Comédien, plein de noblesse dans le jeu, d'élégance dans la taille, d'agrémens dans la figure, & de décence dans le maintien, joue les premiers rôles dans la Comédie avec la plus grande finesse & l'intelligence la plus profonde. Premiere Haute-Contre dans les Opera-comiques, il exécute pareillement la partie musicale avec un art infini, & fait tirer le parti le plus avantageux de la voix agréable dont la nature l'a doué.

B ij

THÉATRE ITALIEN.

Courcelles, *rue Taitbout.*

Joue les premiers rôles de Pere noble dans la Comèdie avec fuccès, & double quelquefois le même emploi dans l'Opera-comique.

Dorsonville, *rue Saint-Lazare.*

Cet Acteur joint à une des plus belles Haute-Contre qui ait été entendue depuis long-tems fur ce Théâtre, un goût exquis & une parfaite connoiffance de la Mufique, qui lui méritent chaque jour du Public les plus vifs applaudiffemens.

Favart, *rue Grange-Bateliere.*

Joue les Peres & les rôles à manteau. Cet Auteur agréable fait revivre en lui, par fes Ouvrages, les travaux des auteurs de fes jours, dont le nom feul eft un éloge.

Granger, *Boulevard Saint-Marc.*

Joue les premiers rôles d'amoureux. Cet Acteur charmant, après avoir fait long-tems les délices de Bordeaux, eft venu recevoir en cette Capitale les applaudiffemens dus à un talent confommé. Chaque jour il fe montre plus intéreffant, & caufe toujours une nouvelle fatisfaction.

Menier, *rue Buffaut.*

Joue les rôles de Baffe-Taille. Un beau timbre & une figure avantageuse, ajoutent un charme de plus à la nobleffe & à la décence de fon jeu. Il eft fuperbe dans le *Déferteur*, & n'eft pas moins intéreffant dans la Comédie, où il joue parfaitement les rôles de Payfans & les Valets à grande livrée.

Michu, *rue Favart.*

Ce jeune Acteur, qui double M. Clairval, réunit au talent le plus marqué la figure la plus intéreffante. Joli Comédien, Chanteur agréable & grand Muficien, il a tout ce qu'il faut pour plaire, & plaît infiniment. Il eft fur-tout délicieux dans *Alcindor*, dans le *Magnifique*, & poffede toutes les qualités requifes pour les *Colins* dans le genre d'Opera qu'ont fait revivre MM. *Piis* & *Baré.*

Narbonne, *rue Feydeau.*

Excellent Muficien, chante avec un fuccès mérité les premieres Baffe-Tailles. Sa voix eft très-fonore & infiniment flateufe dans les tons graves. Il joue les rôles à *tabliers* avec une vérité peu commune, fans que cela ôte rien à l'intérêt qu'il met dans les rôles plus pathétiques, dans lefquels le Public le voit toujours avec un vrai plaifir.

THÉATRE ITALIEN.

PHILIPPE, *rue Grange-Bateliere.*

Cet Acteur, doué d'une riche taille, d'une figure intéressante & d'une voix agréable, joue les Amoureux & annonce chaque jour de nouveaux progrès.

RAIMOND, *rue Favart.*

Cet agréable Comédien, après avoir joué quelque tems sur le Théâtre François, s'est fixé au Théâtre Italien, où il joue les jeunes Amoureux dans la Comédie, & les Pierrots dans les Pieces à Arriettes, & reçoit en chaque genre des applaudissemens justement mérités.

ROSIERE, *Fauxbourg Montmartre.*

Grand Musicien & bon Acteur, jouit de la plus haute réputation dans les *Laruette.* Après avoir reçu long-tems en Province, & sur-tout au Théâtre de Bordeaux, les applaudissemens les mieux mérités, il est venu donner à son talent sur le Théâtre de la Capitale, & le dernier dégré de perfection dont il étoit susceptible, & la véritable récompense qui lui étoit due.

THOMASSIN, *rue Bergere.*

Joue les *Laruette* avec un talent distingué. On ne peut mettre plus de gaieté, de naturel & de comique dans les rôles travestis & de Paysans.

TRIAL, *rue & Café de Favart.*

Ce Comédien, infatigable par son travail, fait le plus grand plaisir dans les Haute-Contre, il est sur-tout infiniment agréable & intéressant dans l'espece de genre niais qui lui est particulier. Il n'est pas possible en effet d'être plus précieux que lui dans le Pierrot du *Tableau parlant*, dans Lafleur des *Evénemens imprévus* : aussi dit-on aujourd'hui jouer les *Trial* comme on dit jouer les *Laruette* ; & c'est, sans contredit, le comble de l'art, que de parvenir au point d'être cité & pris pour modele dans son emploi.

VALLEROY, *Place de la Comédie Italienne.*

Tient l'emploi des comiques à grande livrée. Une grande vérité, une taille avantageuse, une parfaite connoissance du Théâtre, & une finesse de tact singuliere, le rendent précieux dans son emploi & très-agréable au public.

THÉATRE ITALIEN.

ACTEURS A PENSION.

CORALI, *rue Saint-Lazare.*

Joue les premiers rôles d'Arlequin dans la Comédie & différens emplois dans l'Opéra-comique. Une étude particuliere, un travail assidu, & le desir ardent de plaire au public, lui font faire des progrès sensibles qui lui méritent chaque jour de nouveaux témoignages de sa satisfaction.

DUFRENOY, *rue de Marivaux.*

Belle Basse-Taille; joue les rôles de Pandolphes dans l'Opera-comique, &c.

PERIGNY, *rue Grange-Bateliere.*

Une figure interessante & du talent, joue les rôles à manteau dans la Comédie.

ACTRICES.

ADELINE (Mademoiselle), *rue Royale, Chaussée d'Antin.*

Sœur de Mademoiselle Colombe, joue les Amoureuses, & réunit à une jolie figure & à une taille élégante, une voix & des talens dont nous ne pouvons donner une idée plus flatteuse, qu'en indiquant son portrait peint sous les traits les plus ingénieux dans un Romance délicieuse que l'on a de M. le Baron de Thschoudy.

BURETTE (Mademoiselle), *rue de Menars.*

Une des plus agréables Cantatrices, fait tour à tour les plaisirs du Concert Spirituel & du Théatre Italien par la maniere de chanter la plus séduisante.

CARLINE (Mademoiselle), *rue des Mathurins.*

Douée de la figure la plus agréable, joue les jeunes Amoureuses, les Soubretes & les Petites-Filles avec succès. Elle est sur-tout inimitable dans les rôles d'ingénuité.

COLOMBE (Mademoiselle), *Boulevard d'Antin.*

Aussi belle pour le physique que superbe pour le chant, elle a su, par sa maniere expressive, prêter dans la musique, à la Langue Françoise tout le charme de l'idiome Italien. On n'a point d'idée de la *Colonie* quand on n'a point vu Mademoiselle Colombe dans *Bélinde.*

THÉATRE ITALIEN.

Desbrosses (Mademoiselle), *rue Favart.*

Bonne Musicienne, joue les jeunes Amoureuses & les Petites-Filles dans les Pieces à Ariettes.

Desforges (Madame), *rue d'Amboise.*

Une taille avantageuse, une belle figure & une voix agréable : joue les Duegnes dans l'Opera-comique avec un zele & une exactitude sans exemple.

Dufayelle (Mad.), *rue des Martyrs.*

Une taille élégante & une figure intéressante : joue l'emploi des Betsy avec une finesse & une ingénuité peu commune.

Dugazon (Madame), *Boulevard Saint-Marc.*

Délicieuse Comédienne, chante & joue avec un égal dégré de sublimité. Il faudroit nommer cent Pieces pour donner une idée de son talent ; mais la tâche seroit vaine, si on ne l'a pas vu dans les rôles de *Marine*, de *Babet*, dans les *Vendangeurs*, dans la *Veillée*, & tant d'autres rôles, où elle est toujours nouvelle & toujours inimitable.

Gontier (Madame), *rue Neuve de Montmorenci.*

Joue les Duegnes dans l'Opera-comique & les caracteres dans la Comédie avec une vérité, une intelligence & un talent consommé qui lui méritent chaque jour les applaudissemens les plus vifs & les plus justement mérités.

Julien (Madame), *rue & Café de Favart.*

Joue les secondes Amoureuses dans la Comédie avec beaucoup de finesse & d'intelligence.

Lacaille (Madame), *rue & Café de Favart.*

Bonne Musicienne ; double l'emploi des Duegnes dans l'Opera-comique.

Lescot (Mad.), *rue Favart.*

Jeune Actrice & Musicienne du plus grand mérite ; joue les rôles d'Amoureuses. Une belle voix, étonnante sur-tout dans les tons graves qui se rapprochent de la rondeur d'une Basse-taille ; beaucoup de finesse dans le jeu, & un goût exquis dans le chant.

Pitrot (Mademoiselle), *Fauxbourg Montmartre.*

Est douée d'une belle figure, & joue les Amoureuses dans la Comédie avec beaucoup de noblesse & de vérité.

THÉATRE ITALIEN.

RAYMOND (Madame), *rue du Sépulchre.*

Une figure agréable & une taille élégante. Joue les Soubrettes dans la Comédie avec intelligence.

TRIAL (Madame), *rue de Favart.*

Une des plus célebres Cantatrices que la France ait produit. Il n'eſt pas poſſible de réunir plus de fraîcheur, plus de netteté dans la voix ; d'avoir un goſier plus flexible & plus léger. Ce ſont les plus beaux ſons dans l'*andante*, & la rapidité la plus étonnante dans les arrietes de *bravoure*. Cette charmante Actrice fait chaque jour les délices & l'admiration des Spectateurs.

VERTEUIL (Madame), *rue Taitbout.*

Excellente Comédienne pour la pureté de la diction, la ſenſibilité de l'ame & la nobleſſe du jeu, eſt ſublime dans le *Drame*, & pleine d'eſprit dans le *Marivaux* : chargée de l'emploi des Meres nobles & des Amoureuſes dans la Comédie, elle remplit l'un & l'autre emploi avec un égal ſuccès.

DANSE.

GRANGÉ, Maître de Ballets & Penſionnaire de S. A. S. Monſeigneur le Grand Duc de toutes les Ruſſies.

GUENETET, premier Danſeur.

Danſe les pâtres & les demi-caracteres avec autant de grace que de vigueur & de légereté.

OBJETS RELATIFS.

BUREAU de Correſpondance générale de tous les Spectacles de Province.

LAWALLE LECUYER, Cour du Commerce.

Editeur & Marchand de Muſique, ſe charge de placer les Sujets & de faire paſſer, avec ou ſans partition, toutes les pieces de muſique nouvelle qui paroiſſent en cette Capitale.

FABRIQUE de Rouge végétal *pour la toilette des Dames, approuvé de l'Académie royale des Sciences.*

PROST (Mlle.), *rue Saint-Honoré, au Bureau d'Indications générales des Artiſtes célebres, près l'hôtel des Américains.*

Fait la commiſſion en tous genres pour la Province & les Pays Etrangers, & tient Fabrique du véritable *Rouge végétal* qui lui a mérité l'approbation de l'Académie des Sciences, en ce qu'il n'entre dans ſa compoſition aucune partie métallique, & qu'il réunit à l'avantage du plus beau coloris, les qualités précieuſes de ne point deſſécher la peau ni en altérer la fraîcheur.

RUES ET QUARTIERS DE LA VILLE ET FAUXBOURGS DE PARIS.

RUES ET QUARTIERS.	TENANS ET ABOUTISSANS.
ABBAYE S. Germain des Prés (enclos de l'), Q. S. Germ.	RUES Saint Benoit & Sainte Marguerite.
Abbatiale (rue), quartier S. Germain.	Petit Marché & grille du Palais Abbatial.
Abreuvoir (rue de l'), quartier de la Cité.	Derriere l'Archevêché.
Abreuvoir-Mâcon (rue de l'), quartier S. André.	Rue de la Huchette & le bord de l'eau.
Abreuvoir-Marion (rue de l'), quartier ſainte Oportune.	Quai de la Ferraille & rue Thibautaudé.
Abreuvoir-Pepin (rue de l'), quartier ſainte Oportune.	Quai de la Ferraille & rue S. Germain-l'Auxerrois.
Aiguillerie (rue de l'), Q. ſainte Oportune.	Près l'Egliſe.
Albret (cul-de-ſac d'), place Maubert.	Rue des ſept Voyes.
Alençon (quai d'), quartier Iſle Notre-Dame.	Pont Marie & Hôtel Bretonvilliers.
Aligre (rue d'), fauxbourg S. Antoine.	Marché S. Antoine & rue de Charenton.
Amandiers (rue des), quartier du Fauxbourg S. Antoine.	Rue du Chemin verd & la campagne.
Amandiers (rue des), quartier ſainte Geneviéve.	Rue des ſept Voyes & Fontaine ſainte Geneviéve.
Amboiſe (rue d'), quartier de la Comédie Italienne.	Rues de Richelieu & Favart.
Amboiſe (rue d'), Pl. Maub.	Le bord de l'eau.
Amboiſe (cul-de-ſac d').	Place Maubert.
Amelot (rue), fauxbourg S. Antoine.	Rue ſaint Pierre & Porte ſaint Antoine.
André (rue ſaint), Fauxbourg S. Antoine.	Foſſe Renaud & rue de Charonne.
André des Arcs (rue ſaint), quartier ſaint André.	Place du pont ſaint Michel & Carrefour de Buſſy.
André des Arcs (cour ſaint), quartier ſaint André.	Rue ſaint André & rue du Cimetiere.

Rues et Quartiers.	Tenans et aboutissans.
Anges (rue des deux), quartier faint Germain.	Rue Jacob & rue faint Benoît.
Angevilliers (rue d'), quartier du Louvre.	Rues des Poulies & cul-de-fac du Coq.
Anglade (rue de l'), quartier du Palais Royal.	Rue Traverfiere & rue l'Evêque.
Anglois (rue des), Q. S. B.	Rues Galande & des Noyers.
Anglois (cul-de-fac des), Q. S. Martin.	Rue Beaubourg.
Angoulême (rue d'), F. S. H.	Gr. rue & la grille de Chaillot.
Angoulême (rue & Marché d'), quart. du Pont aux-Choux.	Aboutit à la rue des Foffés du Temple.
Anjou (rue d'), fauxbourg S. Honoré.	Rue du Fauxbourg S. Honoré & de la Ville-l'Evêque.
Anjou (rue d'), F. S. Germ.	Rues Dauphine & de Nevers.
Anjou (rue d'), Q. du Mar.	Rues Paftourelle & de Poitou.
Anjou (cul-de-fac d'), Q. du L.	Rue de l'Arbre-fec.
Anne (rue fainte), F. S. Den.	Rue Poiffonniere & S. Lazare.
Anne (rue fainte), quartier du Palais Royal.	Rue neuve faint Auguftin & rue de l'Anglade.
Anne (rue fainte), quartier de la Cité.	Rue faint Louis & cour du Palais.
Anne (barriere fainte), Q.	Montmartre.
Antin (rue d'), Quart. Montmartre.	Rue neuve S. Auguftin & rue neuve des petits Champs.
Antoine (rue faint), quartier faint Antoine.	Place Baudoyer & Porte faint Antoine.
Antoine (rue du fauxb. S.), fauxbourg S. Antoine.	Depuis la Porte faint Antoine jufqu'au Thrône.
Antoine (rue de Foffés S.), ou Contrefcarpe.	Elle commence à la Porte S. Antoine & finit à la riviere.
Antoine (Marché neuf faint).	
Appoline (rue fainte), quartier faint Martin.	Porte faint Denis & rue du Temple.
Arbaleftre (rue de l'), fauxbourg faint Marcel.	Rue des Charbonniers & rue Mouffetard.
Arbre-fec (rue de l'), quartier du Louvre.	Rue Saint Honoré & quai de l'Ecole.
Arcis (rue des), quartier de la Greve.	Rues faint Martin & Planche-mibrai.
Argenfon (cul-de-fac d'), quartier du Temple.	Vieille rue du Temple.
Argenteuil (rue d'), quartier du Palais Royal.	Rues neuve faint Roch & faint Honoré.

RUES ET QUARTIERS.	TENANS ET ABOUTISSANS.
Arras (rue d'), place Maub.	Rues S. Victor & Clopin.
Artois (rue d'), quartier de la Chaussée d'Antin.	Rue de Provence & le Boulevard.
Astorg (rue d'), quart. S. H.	Rue de la Ville-l'Evêque.
Athanase (rue saint), quart. saint Paul.	Portail saint Paul & rue des Prêtres.
Athanase (R. S.), Q. du M.	Rues S. Louis & S. Germain.
Aubri-Boucher (rue), quartier S. Jacques de la Boucherie.	Rues saint Martin & saint Denis.
Audriettes (rue des), quartier de la Greve.	Rue de la Mortellerie & Port au bled.
Audriettes (rue des vieilles), quartier du Temple.	Rue saint Avoie & rue du Chaume.
Augustin (rue neuve saint), quartier Montmartre.	Rue de Richelieu & rue de Louis-le-Grand.
Augustins (rue des), quartier saint André.	Quai des Augustins & rue saint André des Arcs.
Augustins (rue des vieux), quartier saint Eustache.	Rue Coquilliere & rue Montmartre.
Augustins (quai des) ou de la Volaille, quartier S. André.	Pont-neuf & rue du Hurepoix.
Augustins (rue des petits), quartier saint Martin.	Rue saint Martin & rue Beaubourg.
Augustins (rue des petits), fauxbourg saint Germain.	Quai des quatre Nations & rue du Colombier.
Aumaire (rue), quartier saint Martin.	Rues saint Martin & Transnonain.
Aumont (cul-de-sac d'), quart. saint Paul.	Rue de la Mortellerie.
Aux-feves (rue), quartier de la Cité.	Rues de la Draperie & de la Calandre.
Ave-Maria (cul-de-sac de l'), Q. S. Paul.	Rue des Barrés.
Aveugles (rue des), quartier du Luxembourg.	Rues du vieux Colombier & du petit Bourbon.
Avignon (rue d'), quartier S. Jacques de la Boucherie.	Rues saint Denis & de la Savonnerie.
Avoye (rue sainte), quartier saint Avoye.	Rues du Temple & Bardubec.
Babile (rue), Q. S. Eustache.	Rues d'Orléans & de Viarmes.
Babylone (rue de), quartier saint Germain.	Rue du Bac & plaine de Grenelle.
Babillards (cul-de-sac des), quartier saint Denis.	Rue des Fossés saint Denis.

RUES ET QUARTIERS.	TENANS ET ABOUTISSANS.
Bac (grande rue du) fauxbourg saint Germain.	Pont royal & rue de Seve.
Bac (petite rue du), quartier du Luxembourg.	Rue de Seve & rue des vieilles Tuileries.
Baffour (cul de-sac), quartier saint Denis.	Rue saint Denis.
Bagneux (rue de), quartier du Luxembourg	Rues des vieilles Tuileries & de Vaugirard.
Baillet (rue), quartier du Louvre.	Rue de l'Arbre-sec & rue de la Monnoye.
Bailleul (rue), quartier du Louvre.	Rues des Poulies & de l'Arbre-sec.
Baillif (rue), quartier saint Eustache.	Rue des bons Enfans & Croix des petits Champs.
Balcons (quai des) ou quai Dauphin, Isle saint Louis.	Pointe de l'Isle.
Ballets (rue des), quartier saint Antoine.	Rue du Roi de Sicile & rue saint Antoine.
Banquier (rue du) fauxbourg saint Marcel.	Rue du gros Caillou & rue Mouffetard.
Banquier (petite rue du). Q. du Marché aux Chevaux.	Grande rue du Banquier & Boulevard neuf.
Barbe (rue sainte), quartier saint Denis.	Rue de Beauregard & les Boulevards.
Barbe (rue sainte), quartier de l'Université.	Rues des sept Voies & des Chiens.
Barbette (rue), quartier du Marais.	Vieille rue du Temple & rue des trois Pavillons.
Bardubec (rue), quartier sainte Avoye.	Rue sainte Avoye & rue de la Verrerie.
Barillerie (rue de la), quartier de la Cité.	Rue saint Barthelemi & pont saint Michel.
Barouillerie (rue de la), quartier du Luxembourg.	Rues de Seve & des vieilles Tuileries.
Barre (rue de la), fauxbourg saint Marcel.	Rues du Fer-à-Moulin & des Francs-Bourgeois.
Barrés (rue des), quartier saint Paul	Carrefour de l'Hôtel de Sens & rue saint Paul.
Barres (rue des), quartier de la Grêve.	Place Beaudoyer & Port au Foin.
Barriere (rue de la), fauxbourg saint Marcel.	Champs de l'Alouette, derriere les filles Angloises.
Barthelemi (rue saint), quartier de la Cité.	Pont au Change & rue de la Draperie.

RUES ET QUARTIERS.	TENANS ET ABOUTISSANS.
Barthelemi (cul-de-sac saint), quartier de la Cité.	Rue de la Draperie.
Basfroy (rue), fauxbourg saint Antoine.	Rue de la Roquette près sainte Marguerite.
Bastille (place de la), quartier saint Antoine.	Rue saint Antoine & rue des Tournelles.
Bastille (cul de-sac de la petite), quartier du Louvre.	Rue de l'Arbre-sec.
Basville (rue), quartier de la Cité.	Cour neuve du Palais.
Battoir (rue du), quartier saint André.	Rues de l'Epéron & Hautefeuille.
Battoir (rue du), fauxbourg S. Marcel.	Place du puits de l'Hermite & rue Censier.
Baudin (rue), fauxbourg Montmartre.	Rue Blanche & rue Saint George.
Baudoirie (cul-de-sac), quart. saint Martin.	Rue de la Corroierie.
Baudoyer (place) ou Baudet, quartier de la Grêve.	Rues de la Tixeranderie, Renaud-Lefevre & S. Antoine.
Baviere (Cour de) quartier saint Benoit.	Rue Bordet.
Baviere (cul-de-sac de), quartier saint Etienne.	Rue Bordet.
Beaubourg (rue) quartier S. Martin.	Rues Michel-le-Comte & Simon-le-Franc.
Beaufils (quai) ou quai des Ormes, quartier S. Paul.	Place aux Veaux & quai S. Paul.
Beaufort (cul-de-sac), quart. des Halles.	Rue Salle-au-Comte.
Beaujollois (rue de), quartier du Palais Royal.	Rue de Chartres & de Valois.
Beaujolois (rue du), quartier du Temple.	Rue des Forez & de Bretagne.
Beaune (rue de), fauxbourg saint Germain.	Quai des Théatins & rue de l'Université.
Beaurepaire (rue), quartier saint Denis.	Rue Poissonniere & Porte S. saint Denis.
Beautreitlis (rue), quartier saint Paul.	Rue S. Antoine & rue neuve saint Paul.
Beauvais (rue de), quartier du Louvre.	Rue Froidmanteau, près le vieux Louvre.
Beauvau (rue de), fauxbourg saint Antoine.	Marché saint Antoine & rue de Charenton.

Rues et Quartiers.	Tenans et aboutissans.
Bellechasse (rue de), fauxbourg saint Germain.	Rues saint Dominique & de la Grenouillere.
Bellefond (rue de), fauxbourg Montmartre.	Rue de Rochechouart & rue de la Voierie.
Benoît (rue saint), fauxbourg saint Germain.	Rue Jacob & rue Taranne.
Benoît (Cloître saint), quart. saint Benoît.	Rues des Mathurins - saint-Jacques & de Sorbonne.
Benoît (cul-de-sac saint), Q. S. Jacques de la Boucherie.	Rue de la Tacherie.
Benoît (carrefour saint), fauxbourg saint Germain.	Rue saint Benoît & de l'égoût Taranne.
Berci (rue de), quartier de la Grêve.	Cimétiere S. Jean & vieille rue du Temple.
Berci (rue de), fauxbourg saint Antoine.	Rue de la Rapée & de Berci.
Bergere (rue), fauxbourg Montmartre.	Rue sainte Anne & du fauxbourg Montmartre.
Bernard (rue saint), fauxbourg saint Antoine.	Sainte Marguerite & l'Abbaye saint Antoine.
Bernard (rue des Fossés saint), fauxbourg saint Victor.	Halle au vin & rue saint Victor.
Bernardins (rue des), quart. place Maubert.	Rue saint Victor & rue de Tournelle.
Bernardins (Cloître des), place Maubert.	Rue des Bernardins.
Berry (rue neuve de), fauxbourg saint Honoré.	Grande rue & la grille de Chaillot.
Berry (rue de), quartier du Marais.	Rue Charlot & rue d'Orléans.
Bertaud (cul-de-sac), quart. Saint Martin.	Rue Beaubourg.
Bertin-Poirée (rue), quartier saint Oportune.	Rues des deux Boules & saint Germain l'Auxerrois.
Betisi (rue), quartier sainte Oportune.	Rue du Roule & rue des deux Boules.
Beuricre (rue) ou de la Corne, quartier du Luxembourg.	Rue du vieux Colombier & rue du Four.
Biches (Pont aux), fauxbourg saint Marcel.	Rue Pont aux Biches.
Bievre (rue de), place Maubert.	Place Maubert & rue Pavée.
Bievre (rue de), fauxbourg saint Victor.	Rue des Gobelins.

RUES ET QUARTIERS.	TENANS ET ABOUTISSANS.
Bissy (rue de), quartier du Luxembourg.	Petit Marché, Foire saint Germain.
Blancs-Manteaux (rue des), quartier sainte Avoye.	Rue sainte Avoye & vieille rue du Temple.
Blancs-Manteaux (cul-de-sac des) ou Pecquet, Q. S. Avoye.	
Blanc-Paon (rue du), quart. saint Paul.	Rue de la Mortellerie & place aux Veaux.
Blomet (rue), fauxbourg S. Germain.	Derriere les Incurables, la Campagne.
Bœuf (cul-de-sac du), Q. S. Martin.	Rue S. Merry.
Bon (rue saint), quartier de la Grêve.	Rue de la Verrerie & rue Jean-pain-Mollet.
Bonne-morue (rue de la), faux-bourg S. Honoré.	Rue du fauxbourg S. Honoré & place de Louis XV.
Bonne-nouvelle (rue de!), Q. saint Denis.	Rue Beauregard & Boulevard de saint Denis.
Bonpuits (rue du), place Maubert.	Rues saint Victor & Traver-sine.
Bons enfans (rue des), quart. saint Eustache.	Rue neuve des bons Enfans & rue saint Honoré.
Bons Enfans (rue neuve des), quartier saint Eustache.	Rue neuve des petits Champs & rue des Bons Enfans.
Bordet (rue) place Maubert,	Fontaine sainte Geneviéve & rue Mouffetard.
Boucherat (rue) Q. du Marais.	Rue Charlot & rue S. Louis.
Boucherie (rue de la), Q. du Palais Royal.	Rues de Richelieu & Saint Honoré.
Boucherie (rue de la), quar-tier du gros Caillou.	Boucherie des Invalides & le bord de l'eau.
Boucheries (rue des), quar-tier du Luxembourg.	Petit Marché de la Comédie Françoise.
Bouclerie (rue de la vieille), quartier saint André.	Place du Pont saint Michel & rue de la Harpe.
Boudron (rue), Q. S. Hon.	Rue Caumartin.
Boutebrie (rue), quartier saint André.	Rue du Foin & de la Par-cheminerie.
Boulangers (rue des), faux-bourg saint Victor.	Rue des Fossés saint Victor & rue saint Victor.
Boules (rue des), fauxbourg saint Antoine.	Rue de Charonne & rue de Montreuil.
Boules (rue des deux), quar-tier sainte Oportune.	Rue Bétisi & rue des Lavan-dieres.

RUES ET QUARTIERS.	TENANS ET ABOUTISSANS.
Bouloi (rue du), quartier ſaint Euſtache.	Rue Croix-des-petits-Champs & rue Coquilliere.
Bourbe (rue de la), quartier du Luxembourg.	Rue d'Enfer & rue S. Jacques.
Bourbon (rue de), fauxbourg ſaint Germain.	Rue des ſaints Peres & rue de Bourgogne.
Bourbon-le-Chateau (rue), fauxbourg ſaint Germain.	Rue de Buſſy & Cour Abbatiale.
Bourbon (rue de) quartier, ſaint Denis.	Rues du petit Carreau & de ſaint Denis.
Bourbon (rue du petit), quartier du Louvre.	Quai de Bourbon & rue des Poulies.
Bourbon (rue du petit), quartier du Luxembourg.	Rue des Aveugles & rue de Tournon.
Bourbon (quai de), quartier du Louvre.	Terraſſe du Louvre & Quai de l'Ecole.
Bourbon (quai de), Iſle Notre-Dame.	Pont rouge & Pont Marie.
Bourdonnois (rue des), quartier ſainte Opportune.	Rue Thibautaudé & rue S. Honoré.
Bourg-l'Abbé (rue), quartier ſaint Denis.	Rue aux Ours & rue Greneta.
Bourgogne (rue de), quartier du Temple.	Rue de la Corderie & rue de Bretagne.
Bourgogne (rue de), fauxbourg ſaint Germain.	Rue de Varenne & bord de l'eau.
Bourguignons (rue des), quartier ſaint Marcel.	Rue de l'Ourſine & mur du Val-de Grace.
Bourtibourg (rue), quartier ſainte Avoye.	Rue ſainte Croix de la Bretonnerie & place du Cimétiere ſaint Jean.
Bout-du-Monde (rue du), quartier ſaint Euſtache.	Rues Montmartre & Montorgueil.
Bouteille (cul-de-ſac de la), quartier ſaint Denis.	Rue Comteſſe d'Artois.
Bouvart (cul de-ſac) ou la Cour des Bœufs, quartier ſaint Benoît.	Rue ſaint Hilaire.
Bracq (rue de), quartier ſainte Avoye.	Rue ſainte Avoye & rue du Chaume.
Braſſerie (cul-de-ſac de la) ou des Prêcheurs.	Rue Traverſiere.
Brave (rue du), quartier du Luxembourg.	Rue des quatre Vents & rue de Tournon.

Bretagne

Rues et Quartiers.	Tenans et aboutissans.
Bretagne (rue de), quartier du Marais.	Rue saint Louis & rue de Bourgogne.
Bretonnerie (grande rue de la), quartier saint Benoît.	Près saint Etienne des Grès.
Bretonvilliers (rue de), Isle Notre-Dame.	Rue saint Louis & quai Dauphin.
Brise-Miche (rue), quartier saint Martin.	Rue neuve saint Merry & Cloître saint Merry.
Brodeurs (rue des), fauxbourg saint Germain.	Rue des Féves & rue de Blomet.
Bucherie (rue de la), quartier de la place Maubert.	Rue du petit Pont & rue d'Amboise.
Bussi (Carrefour de), fauxbourg saint Germain.	Carrefour de la rue Dauphine & petit Marché.
Bussi (rue de), fauxbourg saint Germain.	Rue Dauphine, de la Comédie Françoise, & saint André des Arts.
Buttes (rue des), fauxbourg saint Antoine.	Rues de Reuilly & de Picpus.
Cadet (rue), ou de la Voierie, fauxbourg Montmartre.	Rue d'Enfer.
Cagnard (rue), quartier saint André.	Rue de la Huchette & le bord de l'eau.
Caillou (rue du gros), fauxbourg saint Victor.	Marché aux Chevaux, rue du Banquier.
Calande (rue de la) ou Calandre, quartier de la Cité.	Rue de la Barillerie & rue du Marché Palu.
Cambray (place de), quartier saint Benoît.	Rues saint Jacques & saint Hilaire.
Cannettes (rue des), quartier du Luxembourg.	Rue du vieux Colombier & rue du Four.
Cannivet (rue du), Q. du L.	Rue des Fossoy. & rue Férou.
Capucins (rue des), quartier Montmartre.	Rue neuve des petits Champs & Barriere saint Honoré.
Capucins (rue neuve des), Q. de la Chaussée d'Antin.	Grande rue & le Couvent.
Capucins (rue des) F. S. Jac.	Près l'Observatoire.
Carcuissons (cul-de-sac des), quartier de la Cité.	Rue des Carcuissons.
Carcuissons (rue des), quartier de la Cité.	Rue de la Calande & Marché neuf.
Cardinale (rue), F. S. Germ.	Enclos S.-Germain des Prés.
Carême-prenant (rue), quartier de la Courtille.	Hôpital Saint Louis, rue du fauxbourg du Temple.

RUES ET QUARTIERS.	TENANS ET ABOUTISSANS.
Carignan (rue de), quartier Saint Eustache.	Rue des vieilles Etuves & rue Coquilliere.
Carmelites (cour des), F. S. J.	Rue saint Jacques.
Carmelites (cul-de-sac des), fauxbourg saint Jacques.	Rue saint Jacques.
Carmes (rue des), quartier saint Benoit.	Rue des Noyers & l'Eglise de saint Hilaire.
Carmes (barriere des).	
Carneau (rue du), place Maubert.	Le bord de l'eau & rue de la Bucherie.
Carpentier (rue), Q. du Lux.	R. du Gindre & rue Cassette.
Carousel (rue du), quartier du Palais Royal.	Rue du Carousel & Fontaine du diable.
Carousel (place du) ou des thuilleries, Q. du Palais Royal.	Vis-à-vis les Thuilleries.
Carreau (rue du petit), quartier saint Denis.	Rues Montorgueil & Cléri.
Cassette (rue), quartier du Luxembourg.	Rues du vieux Colombier & de Vaugirard.
Catherine (rue neuve sainte), quartier saint Antoine.	Rue des Francs-Bourgeois, près la place Royale.
Catherine (rue de l'Egoût, sainte.), Q. S. Antoine.	Rue S. Antoine & rue neuve sainte Catherine.
Catherine (cul-de-sac de Ste.), ou de saint Dominique, fauxbourg saint Michel.	Rue saint Dominique.
Catherine (Cloitre, Culture sainte), Q. S. Antoine.	Rue Culture-sainte-Catherine.
Catherine (rue), quartier saint Antoine.	Rue du Parc Royal & rue Culture sainte Catherine.
Caumartin (rue), quartier de la Chaussée d'Antin.	Rue Basse du rempart & des Mathurins.
Célestins (quai des), quartier saint Paul.	Rue saint Paul & l'Arsenal.
Cendres (rue des), quart. du Marché aux Chevaux.	Marché aux chevaux & rue des Fossés S. Marcel.
Censier (rue) ou vieille rue S. Jacques, F. S. Marcel.	Rue Mouffetard & rue du Jardin du Roi.
Centier (rue du), quartier Montmartre.	Rue des Jeuneurs & rue du Chantier.
Cerisaye (rue de la), quartier saint Paul.	Petite porte de l'Arsenal & rue du petit Musc.
Chabanois (rue), quartier du Palais royal.	Rue Sainte Anne & des petits Champs.

RUES ET QUARTIERS.	TENANS ET ABOUTISSANS.
Chaillot (rue de) , fauxbourg ſaint Honoré.	Rue du Roule & avenues des Thuilleries.
Chaillot (barriere de), Q. S. H.	
Chaiſe (rue de la) fauxbourg ſaint Germain.	Rues de Grenelle & de Séve.
Champ (rue du) d'Albiac, ou des Petits - Champs , faux-bourg ſaint Marcel.	Rue du Noir & rue de l'Epée de bois.
Champ (rue du) de l'Allouette, fauxbourg ſaint Marcel.	Moulin Croule-barbe & rue de l'Ourſine.
Champ-Fleury (rue du) , quartier du Louvre.	Rues ſaint Honoré & de Beauvais.
Champs (rue des petits) , fauxbourg ſaint Marcel.	Rue du Noir & de l'Epée de bois.
Champs (rue neuve des petits) , Q. Montmartre.	Rue de la Feuillade , rue des Capucines.
Change (pont au) , quartier de la Cité.	Quai des Morfondus & quai de la Feraille.
Chanoineſſe (rue) , quartier de la Cité.	Rue des Marmouzets derriere ſainte Marine.
Chantier (rue du) , quartier Montmartre.	Rue ſaint Fiacre , rue Poiſ-ſonniere.
Chantier (rue du grand), quartier du Temple.	Rue du Chantier & rue des Enfans-rouges.
Chantiers (rue des) , fauxbourg ſaint Antoine.	Rue de Charenton , rue de la Rapé.
Chantre (rue du) , quartier du Louvre.	Rue ſaint Honoré & place du Louvre.
Chantrene (rue), quartier de la Chauſſée d'Antin.	Grande rue & fauxb. Montmartre.
Chantres (rue des) , quartier de la Cité.	Rue Chanoineſſe , rue d'Enfer.
Chanverrerie (rue de la), quartier des Halles.	Rue ſaint Denis & rue Montmartre.
Chapon (rue) , quartier ſaint Martin.	Rue du Temple , rue Tranſ-nonain.
Charbonniers (rue des) , fauxbourg ſaint Marcel.	Rue de l'Arbalêtre , rue des Bourguignons.
Charbonniers (rue des) , fauxbourg ſaint Antoine.	La riviere , rue de Charenton.
Charenton (rue de) , fauxbourg ſaint Antoine.	Porte ſaint Antoine & rue bas Reuilli.
Charlot (rue) , ou d'Angoumois, quartier du Temple.	Rue de Bretagne , les Boulevards.

Rues et Quartiers.	Tenans et aboutissans.
Charone (rue de), fauxbourg faint Antoine.	Rue du fauxbourg S. Antoine & Croix Faubin.
Charretiere (rue), Q. S. Ben.	Puits Certain, rue de Reims.
Chartres (rue de), Quartier du Palais Royal.	Rue faint Thomas-du-Louvre & rue faint Nicaiſe.
Chartres (rue du), F. du R.	Rue de Courcelles.
Chat-qui-pêche (rue du), ou du Renard, Q. S. André.	Rue de la Huchette & la riviere.
Chat-blanc (cul-de-fac du), Q. S. Jacques de la Bouc.	Rue faint Jacques de la Boucherie.
Chats (place aux), quartier des Halles.	Rues S. Honoré, de la Lingerie & de la Féronnerie.
Chaume (rue du) ou de la Merci, quartier ſainte Avoye.	Rue du grand Chantier & rue des Blancs-Manteaux.
Chauſſeterie (rue de la), quartier des Halles.	Rue de la Féronnerie, rue ſaint Honoré.
Chef ſaint Landry (rue du), quartier de la Cité.	Rue des Marmouzets & rue d'Enfer.
Chemin (rue du), quartier du Temple.	Rue du fauxbourg du Temple, rue des trois Bornes.
Chemin-verd (rue du), fauxbourg ſaint Antoine.	Boulevards, rue des Amandiers.
Chemin-verd (rue du), fauxbourg ſaint Honoré.	Rue du fauxbourg ſaint Honoré & Ville-l'Evêque.
Chenet (rue du gros), quart. Montmart.	Rue du Chantier, rue de Cléri.
Cherche-midi (rue du); quart. du Luxembourg.	Croix rouge & rue des vieilles Tuhileries.
Cheval-verd (rue du), fauxbourg ſaint Jacques.	Rue de la Vieille-Eſtrapade, rue des Poſtes.
Chevalier du Guet (rue du), quartier Sainte Oportune,	Rue des Lavandieres & place du Chevalier du Guet.
Chevalier du Guet (place du), quartier Sainte Oportune,	Rue du Chevalier du Guet, rue de la Harangerie.
Chevilli (rue de), fauxbourg Saint Honoré,	Rue de Surene & Boulevards Saint Honoré.
Chiens (rue des), quartier de l'Univerſité,	Rue de Reims & rue Saint Etienne des Grés.
Childebert (rue), fauxbourg Saint Germain,	Enclos de l'Abbaye.
Cholets (rue des), quartier de l'Univerſité,	Rue Saint Jacques, rue des Chiens.
Choux (pont aux), quartier du Temple,	Rue Pont-aux-Choux & rue Saint Sébaſtien.

RUES ET QUARTIERS.	TENANS ET ABOUTISSANS.
Christophe (rue saint), quartier de la Cité,	Rue de la Juiverie & Parvis Notre-Dame.
Christine (rue), quartier S. André,	Rue Dauphine, rue des Augustins.
Cigne (rue du), quartier des Halles,	Rue Mont-de Tour & rue S. Denis.
Cignes (rue des), quartier du gros Caillou,	Place de l'Isle des Cignes & rue Saint Dominique.
Cimetiere (rue du), quartier Saint Severin,	Rue de la Parcheminerie & Cimetiere de cette Paroisse.
Cimetiere S. Benoît (rue du), quartier Saint Benoît,	Rue Saint Jacques, derriere le Collége du Plessis.
Cimetiere S. Jacques du Haut-Pas (rue du), quartier du Luxembourg,	Rue S. Jacques, rue d'Enfer.
Cimetiere S. André des Arts (rue du), quart. S. And.	Rue Hautefeuille & rue de l'Eperon.
Cimetiere Saint Nicolas des Champs (rue du), quartier Saint Martin,	Rue Saint Martin, rue Transnonain.
Cimetiere de S. Sulpice (rue du), Q. du Luxembourg,	Rue Férou, rue Garanciere.
Cinq-Diamants (rue des), Q. S. Jacques de la Boucherie,	Rue Aubri-le-Boucher & rue des Lombards.
Ciseaux (rue des), fauxbourg S. Germain.	Rue Sainte Marguerite & rue du Four.
Claude (rue Saint), quartier Saint Denis,	Rue Sainte Foi, rue de Cléri.
Claude (rue Saint), quartier du Marais,	Rue S. Louis & Boulevards.
Claude (cul-de-sac Saint), quartier Saint Eustache,	Rue Montmartre.
Clef (rue de la), fauxbourg Saint Marcel,	Rue d'Orléans & rue des Coupeaux.
Cléri (rue de), Q. Montmartre,	Rue Montmartre & Porte S. Denis.
Clervaux (cul-de-sac de), quartier Sainte Avoye,	Rue Saint Martin.
Cloche-Perche (rue), quartier S. Antoine,	Rue S. Antoine & rue du Roi de Sicile.
Clopin (rue), fauxbourg S. Marcel,	Rue Bordet & rue des Fossés Saint Victor.
Clugny (rue de), quartier Saint André,	Place de Sorbonne & rue des Cordiers.

Rues et Quartiers.	Tenans et aboutissans.
Cocatrix (rue) ou Cocatrice, quartier de la Cité.	Rue des deux Hermites & rue Saint Christophe.
Coq (rue du), quartier de la Gréve,	Rue de la Verrerie & rue de la Tisseranderie.
Coq (rue du), quartier du Louvre,	Rue Saint Honoré, le Louvre.
Coq (rue du), Q. Montmart.	Rue des Porch. les Champs.
Coq (cul-de-sac du) ou rue du Coq, quart. du Louvre,	
Cœur-volant (rue du), fauxbourg Saint Germain,	Rue des Quatre-vents & rue des Boucheries.
Colbert (rue), quartier du Palais Royal,	Rue Vivienne & rue de Richelieu.
College d'Autun (cour du), quartier Saint André,	Rue saint André & rue de l'Hirondelle.
Colombe (rue de la), quartier de la Cité,	Rue d'Enfer & rue des Marmouzets.
Colombier (rue du), fauxbourg Saint Germain,	Rue de Seine & rues des petits Augustins.
Colombier (rue du vieux), quartier du Luxembourg,	Carrefour de la Croix rouge & place Saint Sulpice.
Commissaires (cul-de-sac des), quartier Montmartre.	Rue Montmartre.
Comtesse d'Artois (rue), quartier des Halles,	Rue Montorgueil, pointe S. Eustache.
Condé (rue de) ou S. Lambert, Q. du Luxembourg,	Rue de la Comédie Françoise & rue de Vaugirard.
Conférence (quai de la) Q. du Palais Royal,	Le long du Jardin des Tuileries.
Conférence (barriere de la),	
Conti (quai de), fauxbourg Saint Germain,	Pont neuf & les 4 Nations.
Contrescarpe (rue), quartier Saint André,	Rue Saint André des Arts & rue Dauphine.
Contrescarpe (rue) ou des Fossés S. A., quart. S. A.	Porte S. Antoine, la riviere.
Contrescarpe (rue), quartier place Maubert,	Rue des Fossés Saint Victor & place de Fourci.
Contrescarpe (rue de la), fauxbourg du Temple,	Rue des Fossés du Temple & rue du Chemin verd.
Coquerel (cul-de sac), quartier Saint Antoine,	Rue des Rosiers.
Coqueron (rue), quartier S. Eustache,	Rue de la Jussienne & rue Coquilliere.

RUES ET QUARTIERS.	TENANS ET ABOUTISSANS.
Coquilliere (rue), quartier Saint Euſtache,	Rue Croix-des-petits Champs, Portail Saint Euſtache.
Coquilles (rue des), quartier de la Greve,	Rue de la Verrerie & rue de la Tiſſeranderie.
Cordeliers (rue des), quartier Saint André,	Rue de la Harpe & rue de la Comédie Françoiſe.
Corderie (rue de la), quartier du Temple,	Rue du Temple & rue de Bourgogne.
Corderie (cul-de-ſac de la) ou Péronelle, quartier du Palais Royal,	Palais Royal & rue neuve S. Roch.
Cordiers (rue des), quartier Saint André,	Rue de Cluni & rue Saint Jacques.
Cordonnerie (rue de la), Q. des Halles,	Rue de la Tonnellerie, Halle aux Poirées.
Corne (rue de la), quartier du Luxembourg,	Rue du vieux Colombier, rue du Four.
Cornes (rue des), quartier du Marché aux Chevaux.	Grande rue du Banquier & rue des Foſſés S. Marcel.
Coſſonnerie (rue de la), quartier des Halles,	Rue Saint Denis & Piliers des Pottiers d'étain,
Coupeaux (rue des) ou Copeau, fauxbourg S. Marcel,	Rue Mouffetard & la Pitié.
Courcelle (rue de), Q. du R.	Rue de la Pépiniere.
Couronnes (rue des), quartier du Pont-aux-Choux.	Rue S. Maur & de Belleville.
Courroyerie (rue de la), Q. Saint Martin,	Rue Saint Martin & rue Beaubourg.
Court-baton (cul-de-ſac), Q. du Louvre,	Rue de l'Arbre-Sec.
Courtalon (rue), Q. Sainte Opportune,	Rue Saint Denis & Cloître Sainte Oportune.
Courteauvilain (rue), quart. Saint Martin,	Rue du Temple & rue Tranſnonain.
Coutellerie (rue de la), Q. de la Greve,	Carrefour Guilleri & rue de la Tiſſeranderie.
Creuſe (rue), fauxbourg S. Marcel,	Rue des Francs-Bourgeois & rue du Banquier.
Croiſſant (rue du), quartier Montmartre,	Rue du gros Chenet, rue Montmartre.
Croix - des - petits - Champs (rue), Q. S. Euſtache,	Place des Victoires & rue Saint Honoré.
Croix-blanche (rue de la) ou Hennequin, fauxb. Mont.	Rue des Porcherons & les Champs.

Rues et Quartiers.	Tenans et aboutissans.
Croix (rue de la), quartier Saint Martin,	Rue du Pont aux Biches & rue Phelipeaux.
Croix-blanche (rue de la), Q. Sainte Avoye,	Vieille rue du Temple & rue Bourtibourg.
Croix de la Bretonnerie (rue Sainte), quartier Sainte Avoye,	Rue neuve S. Merri & vieille rue du Temple.
Croix de la Cité (rue Sainte), quartier de la Cité,	Rue de la Draperie, rue Gervais-Laurent.
Croix de Clamart (Carrefour de la), fauxb. S. Victor,	Rues du Jardin du Roi, Poliveau & du Fer.
Croix-Faubin (cul-de-sac de la), fauxbourg S. Antoine,	Rue de Charonne.
Croix-Faubin (barriere de la),	
Croix-Rouge (carrefour de la), fauxbourg Saint Germain,	Rues de Grenelle, du Four & de Seve.
Croix du Trahoir (carrefour de la), quartier du Louvre,	Rue Saint Honoré & rue de l'Arbre-Sec.
Croule-barbe (rue), fauxbourg Saint Marcel,	Moulin Croulebarbe & haut de la rue Mouffetard.
Crucifix (rue du), quartier Saint Jacques,	Saint Jacques de la Boucherie & Eglise Saint Jacques.
Crucifix (cul-de-sac du), Q. Saint Denis,	Rue du petit Carreau.
Crusol (rue de), quartier du Pont-aux-Choux.	Rue des Fossés du Temple & d'Angoulême.
Culture S. Catherine (rue), quartier S. Antoine.	Rues saint Antoine & du Parc Royal.
Daguesseau (rue), fauxbourg saint Honoré.	Rue du fauxbourg saint Honoré, rue de Surêne.
Dauphin (rue du), ou S. Vincent, Q. du Palais Royal.	Rue saint Honoré, les Thuileries.
Dauphin (quai) ou des Balcons, Isle Notre-Dame.	Pont de la Tournelle & pointe de l'Isle.
Dauphine (rue), quartier saint André.	Le Pont-neuf & rue de la Comédie Françoise.
Dauphine (place), quartier de la Cité.	Le Pont-neuf & la rue du Harlay.
Dechargeurs (rue des), quart. sainte Opportune.	Rue de la Feronnerie, rue des Mauvaises-paroles.
Dégrés (rue des grands), Q. place Maubert.	Rue de Bievre & le bord de l'eau.
Demi-saint (rue du), quart. du Louvre.	Cloître S. Germain-l'Auxerrois, rue des F. S. Germain.

Denis

RUES ET QUARTIERS.	TENANS ET ABOUTISSANS.
Denis (rue saint), quartier saint Denis.	Depuis le Grand-Châtelet jusqu'à la porte saint Denis.
Denis (rue neuve saint), Q. saint Denis.	Rue saint Denis & rue saint Martin, près la porte.
Denis de la Chartre (enclos de saint), quartier de la Cité.	Au bout du pont Notre-Dame.
Denis (rue du fauxbourg S.), fauxbourg saint Denis.	Depuis la porte S. Denis jusqu'à la R. du F. S. Lazare.
Denis (rue des Fossés saint), fauxbourg saint Denis.	Rue Poissonniere & rue saint Denis.
Denis (barriere saint).	
Descartes (rue), fauxbourg Saint Antoine.	Marché S. Antoine & Grande rue du Fauxbourg.
Dominique (rue saint), fauxbourg saint Germain.	Rue des Sts. Peres & barriere des Incurables.
Dominique (rue saint), Q. du Luxembourg.	Rue d'Enfer & rue saint Jacques.
Dominique (cul de-sac saint), fauxbourg saint Michel.	Rue saint Dominique.
Doubles (pont aux), quartier de la Cité.	Rue de la Bucherie, près l'Archevéché.
Doyenné (rue du), quartier du Palais Royal.	Rue de Matignon & rue saint Thomas.
Dragon (cour du), fauxbourg saint Germain.	Rue du Sepulchre & Cloître saint Benoit.
Draperie (rue de la), quart. de la Cité.	Rue des Marmouzets, porte du Mai du Palais.
Duras (rue de), fauxbourg saint Honoré.	Rue du fauxbourg S. Honoré & Marché d'Aguesseau.
Echarpe (rue de l'), quartier saint Antoine.	Place Royale & rue neuve sainte Catherine.
Echaudé (rue de l'), quartier du Temple.	Rue de Poitou & vieille rue du Temple.
Echaudé (rue de l'), quartier des Halles.	Rue de la Cordonnerie, rue de la Friperie.
Echaudé (rue de l'), fauxbourg saint Germain.	Rue de Seine & rue de Bourbon-le-Château.
Echelle (rue de l'), quartier du Palais Royal.	Rue saint Honoré, rue saint Louis.
Echiquier (cul-de-sac de l'), quartier du Temple.	Rue du Temple.
Ecole (quai de l'), Q. du L.	Pont-neuf & quai de Bourbon.
Ecosse (rue d'), quartier saint Benoit.	Rue saint Hilaire & rue du Four.

Rues et Quartiers.	Tenans et aboutissans.
Ecouffes (rue des), quartier saint Antoine.	Rue du Roi de Sicile & rue des Rosiers.
Ecrivains (rue des), quartier S. Jacques de la Boucherie.	Rue des Arcis & rue de la Savonnerie.
Ecuries (rue des), quartier du Palais Royal.	Rue de l'Echelle, près les Thuileries.
Ecus (rue des Deux), quartier saint Eustache.	Rue de Grenelle, rue des Prouvaires.
Egoût (rue de l'), quartier de la Chaussée d'Antin.	Grande rue & rue de l'Arcade.
Eloi (rue saint), ou de la Savaterie, Q. de la Cité.	Rue de la Draperie & rue de la Calandre.
Eloi (rue saint), quartier de la Cité.	Rue de la Barillerie & rue S. Barthelemi.
Eloi (cul-de-sac saint), Q. saint Paul.	Rue saint Paul.
Empereur (cul-de-sac de l'), quartier saint Denis.	Rue saint Denis.
Enfans rouges (rue des), Q. du Temple.	Rue du grand Chantier & rue Porte-foin.
Enfans de la Trinité (enclos des), quartier saint Denis.	Rue Greneta & rue saint Denis.
Enfer (rue d'), quartier de la Cité.	Rue Chef S. Landry & porte du Cloître Notre-Dame.
Enfer (rue d'), quartier du Luxembourg.	Place saint Michel & la barriere.
Enfer (rue d'), Nouvelle France.	Rue sainte Anne & rue de la Voierie.
Epée de bois (rue de l'), fauxbourg saint Marcel.	Rue Mouffetard & rue Champ d'Albiac.
Epéron (rue de l'), quartier saint André.	Rue saint André-des-Arcs, rue du Jardinet.
Esprit (Cloître du saint), quartier de la Greve.	La Greve & rue Vieille-garnison.
Etienne (rue saint) quartier saint Denis.	Rue Beauregard & Boulevard saint Denis.
Etienne des Grés (rue saint), quartier saint Benoît.	Rue saint Jacques & place sainte Geneviéve.
Etienne des Grés (Cloitre S.), quartier saint Benoît.	Rue saint Jacques.
Etienne (rue neuve saint), ou des Morfondus, F. S. M.	Rue des Coupeaux, rue Contrescarpe.
Estrapade (rue de l'), ou des Fossés S. Jacq. Q. S. Benoît.	Rue saint Jacques & rue des Postes.

RUES ET QUARTIERS.	TENANS ET ABOUTISSANS.
Estrapade (rue de la vieille), quartier saint Benoît.	Place de Fourci & place de l'Estrapade.
Etoile (rue de l'), quartier S. Paul.	Place Moffis, & Carrefour de l'Hôtel de Sens.
Etoile (cul-de-sac de l'), quartier saint Denis.	Rue Thevenot.
Etuves (rue des), quartier saint Martin.	Rue saint Martin & rue Beaubourg.
Etuves (rue des vieilles), Q. saint Eustache.	Rue saint Honoré & rue des Deux-Ecus.
Etuves (rue des vielles), Q. saint Martin.	Rue Beaubourg, rue saint Martin.
Etuves (cul-de sac des), Q. S. Jacques de la Boucherie.	Rue Marivaux.
Evêché (rue de l'), quartier de la Cité.	Parvis Notre-Dame & port l'Evêque.
Evêque (rue de l'), quartier du Palais Royal.	Rue des Frondeurs & rue des Orties.
Eustache (rue neuve saint), quartier Montmartre.	Rue des Fossés Montmartre, rue du petit Carreau.
Faron (cul-de-sac saint), quartier de la Gréve.	Rue de la Tisseranderie.
Fauconniers (rue des), quartier saint Paul.	Rue des Prêtres saint Paul & rue des Barrés.
Favart (rue), quartier de la Comédie Italienne.	Rue de Gretry & le Boulevard.
Femme sans tête (rue de la), Isle de Notre-Dame.	Quai de Bourbon & Isle saint Louis.
Fer (rue du), fauxbourg saint Victor.	Rue des Hauts-fossés saint Marcel & Croix Clamart.
Feraille (quai de la), ou de la Mégisserie.	Descente du Pont-neuf & grand Châtelet.
Fer-à-moulin (rue du), fauxbourg saint Victor.	Rue Mouffetard & rue du Pont aux Biches.
Ferme (rue de la), quartier de la Chaussée d'Antin.	Rue des Mathurins & de l'Egout.
Féronnerie (rue de la), quartier des Halles.	Rue saint Denis & rue saint Honoré.
Ferou (rue), quartier du Luxembourg.	Rue de Vaugirard, Portail saint Sulpice.
Ferou (cul-de-sac de), ou des Prêtres quart. du Luxemb.	Rue Férou.
Fers (rue aux), quartier des Halles.	Fontaine des saints Innocens, Halle aux Poirées.

RUES ET QUARTIERS.	TENANS ET ABOUTISSANS.
Friperie (rue de la) grande & petite, quartier des Halles.	Rue de la Lingerie & Carrefour du Pont Alets.
Friperie (rue de la petite), Q. des Halles.	Halle aux Poirées & rue de la Tonnellerie.
Fromenteau (rue), quartier du Palais Royal	Place du Palais royal & Galleries du Louvre.
Fromentel (rue), quartier S. Benoit.	Rue saint Jean de Beauvais & Cimetière saint Benoit.
Frondeurs (rue des), quartier du Palais Royal.	Rue saint Honoré & rue de l'Anglade.
Fumier (rue du), Fauxbourg saint Antoine.	Rue Moreau & rue des Fossés saint Antoine.
Fusrtemberg (rue), quartier S. Germain.	Enclos de l'Abbaye saint Germain.
Fuseaux (rue des), quartier sainte Oportune.	Rue saint Germain l'Auxerrois Quai de la Feraille.
Gaillon (rue), quartier Montmartre.	Rue neuve saint Augustin & rue neuve des Petits Ch.
Galande (rue), quartier saint Benoit.	Place Maubert & rue saint Jacques.
Galeries du Louvre (quai des) quartier du Palais Royal.	Palais royal, le long des Galeries du Louvre.
Garenciere (rue) quartier du Luxembourg.	Rue des Aveugles & rue de Vaugirard.
Garnisons (rue des vieilles), quartier de la Grêve.	Rue de la Verrerie, derriere le saint Esprit.
Gautier-Renaud (rue), Fauxbourg saint Marcel.	Rue S. Marcel & chemin de Villejuif.
Genevieve (rue sainte) rue & montagne Ste Genevieve.	Place Maubert & Fontaine sainte Genevieve.
Genevieve place (sainte), Q. saint Benoit.	Rues S. E. des Grés, des sept Voies, & Mont. S. Gen.
Genevieve (rue neuve Ste), Fauxbourg saint Marcel.	Place de Fourci & rue des Postes.
Geoffroi-l'Angevin (rue) Q. saint Martin.	Rue sainte Avoye, rue Beaubourg.
Geoffroi-l'Asnier (rue), Q. saint Paul.	Rue saint Antoine & Port au Foin.
George (rue saint) Fauxbourg Montmartre.	Rue Baudin & rue des Porcherons.
Georgeot (rue du clos) quartier du Palais Royal.	Rue sainte Anne & rue Traversière.
Georges (rue saint), quartier de la Chaussée d'Antin.	Rue des Martyrs & Chantrene.

RUES ET QUARTIERS.	TENANS ET ABOUTISSANS.
Gerard-Boquet (rue), quartier saint Paul.	Rue des Lions & rue Beautreillis.
Germain-l'Auxerrois (rue S.) quartier sainte Opportune.	Carrefour des trois Maries, Marché de l'Apport Paris.
Germain l'Auxerrois (rue des fossés saint), quart. du L.	Rue des Poulies & rue du Roule
Germain l'Auxerrois (Cloître saint), quartier du Louvre.	Rues de l'Arbre-sec, des Prêtres & du petit Bourbon.
Germain-des-Prés (rue des fossés saint), ou de la Comédie-Franç. Q. du Lux.	Rue de Condé & rue Mazarine.
Germain (rue de l'Egoût S.), Fauxbourg saint Germain.	Rue du Four & rue saint Benoît.
Germain (Barriere saint).	
Gervais-Laurent (rue), Q. du Marais.	Rue saint François & rue de Thorigny.
Gervais-Laurent (rue), Q. de la Cité.	Rue de la Lanterne, rue de la vieille Draperie.
Gervais (rue culture saint), quartier du Marais.	Vieille rue du Temple & rue de Thorigny.
Gevres (rue de), Q. S. Jacq. de la Boucherie.	Pont Notre-Dame, Quai de la Feraille.
Gevres (quai de), Q. S. Jacq. de la Boucherie.	Pont Notre-Dame & Pont au Change.
Gilles (rue saint), grande & petite, quartier du Marais.	Rue saint Louis & rue saint Antoine
Gindre (rue du), quartier du Luxembourg,	Rue du vieux Colombier & rue de Méziere.
Gist-le-cœur (rue du), quartier saint André.	Quai des Augustins & rue saint André des Arts.
Glatigny (rue de), quartier de la Cité.	Rue des Marmouzets, près l'Hôtel des Ursins.
Gloriette (cul-de-sac), quart. saint Benoît.	Rue du petit Pont.
Gobelins (rue des), ou de Bievre, Fauxb. S. Marcel.	Rue saint Marcel, rue de Biévre
Gonesse (rue de), Fauxbourg saint Germain.	Enclos de la Foire saint Germain.
Gourtin (cul de-sac), ou rue saint Pierre.	
Grammont (rue de), quart. Montmartre.	Rue sainte Anne & le Boulevard.
Grammont (Pont de), quart. saint Paul.	Quai des Célestins, Isle Louvier.

RUES ET QUARTIERS.	TENANS ET ABOUTISSANS.
Grand-Prieur (rue du), Q. du Pont-aux-Choux.	Rue de la Tour & Folimoricau.
Grange-Bateliere (rue de la), Fauxbourg Montmartre.	Rue de Richelieu & rue du Fauxbourg Monmartre.
Grange-Bateliere (cul de-ſac de la), Fauxb. Mont.	Rue de la Grange-Bateliére.
Grange aux Merciers (rue de la), Fauxb. S Antoine.	Rue de la Vallée de Fécamp, Rue de Berci.
Gracieuſe (rue), Fauxb. S. M.	Rue Copeau & rue du Noir.
Gravilliers (rue des), quart. ſaint Martin.	Rue Tranſnonain & rue du Temple.
Grenelle (rue de), fauxbourg ſaint Germain.	Depuis la Croix rouge jusqu'à la Barriere des Invalides.
Grenelle (rue de), quartier ſaint Euſtache.	Rue Coquilliere & rue ſaint Honoré.
Greneta (rue), quartier ſaint Denis.	Rue ſaint Martin, près ſaint Nicolas des Champs.
Grenier-Saint-Lazare, quartier ſaint Martin.	Rue ſaint Martin & rue Michel-le Comte.
Grenier ſur l'eau (rue des), quartier de la Greve.	Rue des Barres & rue Geoffroi-l'Aſnier.
Grenouillere (rue de la) ou des Poirées, Q. S. Benoit.	Rue ſaint Jacques & rue des Cordiers.
Grenouillere (quai de la) quartier ſaint Germain.	Il commence au quai d'Orſai, & s'étend du côté de l'Avenue.
Gretry (rue de), quartier de la Comédie Italienne.	Rue de Grammont & Favart.
Greve (place de la) quartier de la Greve.	Quai Pelletier, rue du Mouton & du Martroi.
Gril (rue du) fauxbourg ſaint Marcel.	Rue neuve d'Orléans & rue Cenſier.
Gromiere ou Gronier (rue) quartier des Halles.	Rue de la Friperie, rue de la Cordonnerie.
Guenegaud (rue), fauxbourg ſaint Germain.	Quai de Conti & rue Mazarine.
Guepine (cul-de-ſac) ou de Fourcy, quartier ſaint Paul.	Rue de Joui.
Guerin-Boiſſeau (rue) quartier ſaint Denis.	Rue ſaint Denis, vis-à-vis ſaint Martin des Champs.
Guichet (cul-de-ſac du), fauxbourg ſaint Germain.	Rue Bourbon-le-Château.
Guillaume (rue), fauxbourg ſaint Germain.	Rue ſaint Dominique & rue des Saints Peres.

Guillaume

RUES ET QUARTIERS.	TENANS ET ABOUTISSANS.
Guillaume (rue), isle Notre-Dame,	Rue saint Louis & quai d'Orléans.
Guillemin (rue), quartier du Luxembourg.	Rue du Four & rue du Vieux-Colombier.
Guilleri (carrefour), quartier de la Gréve.	Rues de la Coutellerie & Planche-Mibrai.
Guimenée (cul-de-sac de), quartier saint Antoine.	Rue saint Antoine.
Guisarde (rue), quartier du Luxembourg.	Rue des Canettes & Foire Saint Germain.
Harangerie (rue de la), quartier sainte Opportune.	Cloitre Ste Opportune & place du Chevalier du Guet.
Harangerie (rue de la vieille), quartier sainte Opportune.	Cloitre Ste Opportune & Place du Chevalier du Guet.
Harlai (rue du), quartier de la Cité.	Quai des Orfévres, quai des Morfondus.
Harlai (rue du), quartier du Marais.	Rue saint Claude & les Boulevards.
Harpe (rue de la), quartier saint André.	Depuis la rue de la vieille Bouclerie jusqu'à la Pl. S M.
Hautefeuille (rue), quartier saint André.	Rue saint André-des-Arts & rue des Cordeliers.
Hautefort (rue) quartier saint Benoît.	Rue des Bourguignons & rue des Lyonnois.
Hauts-fossés (rue des) S. Marcel, faubourg saint Marcel	Les Gobelins & rue du Fer.
Haut-Moulin (rue du), quartier de la Cité.	Rue de la Lanterne & rue de Glatigny.
Haut-Pavé, (rue du) Place Maubert.	Place Maubert.
Hazard (rue du), quartier du Palais Royal.	Rue sainte Anne, rue Traversiere.
Heaumerie (rue de la), Q. S. Jacques de la Boucherie.	Rue saint Denis, près saint Jacques de la Boucherie.
Hennequin (rue), quartier Montmartre.	Fauxbourg Montmartre & la Campagne.
Hermites (rue des deux), quartier de la Cité.	Rue des Marmouzets & rue Cocatrix.
Heurleur (rue du grand), quartier saint Martin.	Rue saint Martin & rue Bourg-l'Abbé.
Heurleur (rue du petit), quartier saint Denis.	Rue saint Denis & rue Bourg-l'Abbé.
Hyacinthe (rue S.), ou des fossés S. Michel, Q. S. André.	Place saint Michel & rue saint Jacques.

RUES ET QUARTIERS.	TENANS ET ABOUTISSANS.
Hyacinthe (cul-de-ſac ſaint), quartier du Palais Royal.	Rue de la Sourdiere.
Hilaire (rue S) ou du Mont ſaint Hilaire ou du Puits Certain, quartier ſaint Benoît.	Rue des Carmes, rue ſaint Jean de Beauvais.
Hillerin-Bertin (rue), quartier ſaint Germain.	Rue de Varenne, rue de Grenelle.
Hyppolyte (rue ſaint), fauxbourg ſaint Marcel.	Rue de l'Ourſine & rue du fauxbourg ſaint Marcel.
Hirondelle (rue de l'), quartier ſaint André.	Rue Gît-le-cœur & Place du Pont ſaint Michel.
Honoré (rue ſaint), quartier du Palais Royal.	Depuis le Cimetiere des ſaints Innocents juſqu'à la Place de Louis XV.
Honoré (rue du fauxbourg S.), fauxbourg ſaint Honoré.	Depuis la Porte ſaint Honoré juſqu'au Roule.
Honoré (Cloître ſaint), quartier ſaint Euſtache.	Rue S. Honoré, Croix des petits Champs & des Bons-Enfans.
Honoré-Chevalier (rue), quartier du Luxembourg.	Rue Caſſette & rue Pot-de-Fer.
Horloge (quai de l') ou des Morfondus, Q. de la Cité.	Pont au Change, Pont Neuf.
Hoſpitalieres (cul-de-ſac des), quartier S. Antoine.	Rue du Parc-Royal.
Hôtel-Dieu (rue de l') ou Chauſſée-Gaillot, quartier des Porcherons.	Rue ſaint Honoré, rue des Porcherons.
Hôtel-Dieu (Pont de l'), quartier de la Cité.	Il ſert à la communication des ſalles de cet Hôpital.
Huchette (rue de la) quartier ſaint André.	Rue du Petit-Pont & Place Pont ſaint Michel.
Huchette (rue de la), quartier de la Cité	Rue ſaint Chriſtophe & rue neuve Notre Dame.
Hurepoix (rue du) quartier ſaint André.	Place ſaint Michel & quai des Auguſtins.
Jacinthe (rue), Place Maubert.	Rue Gallande & rue des trois Portes.
Jacob (rue), fauxbourg ſaint Germain.	Rue de SaintsPeres & rue du Colombier.
Jacobins (cloître des) quartier du Palais Royal.	Rue ſaint Honoré & cul-de-ſac ſaint Hyacinthe.
Jacques de la Boucherie (rue S.), Q. S. Jacq de la Bouc.	Le grand Châtelet & rue Planche-Mibraî.

Rues et Quartiers.	Tenans et aboutissans.
Jacques de la Boucherie (cloître saint), quart. saint Jacques de la Boucherie.	Rues des Ecrivains, du Crucifix & de Marivaux.
Jacques (rue saint), quartier saint Benoît.	Depuis la fontaine S Severin jusqu'à celle des Carmélites.
Jacques (rue des fossés S.), ou de l'Estrapade, Q. S. Benoit.	Rue saint Jacques & rue des Fosses.
Jacques (Vieille rue saint) ou Censier, fauxb. S. Marcel.	Rue Mouffetard & rue du Jardin du Roi.
Jacques (rue du fauxbourg S.), quartier saint Benoit.	Depuis la fontaine des Carmélites jusqu'à l'Observatoire.
Jacques (Barriere saint).	
Jacques de l'Hôpital (Cloître saint), quartier des Halles.	Rue Mauconseil & rue Mondétour.
Jardin du Roi (rue du) ou rue du fauxbourg saint Victor,	Depuis la Pitié jusqu'à la Croix de Clamart.
Jardin du Roi (cul-de-sac du) Fauxbourg saint Victor.	Rue de Seine.
Jardinet (rue du) quartier saint André.	Rue du Paon & rue Mignon.
Jardinet (rue du petit) fauxbourg saint Antoine.	Rue saint Bernard.
Jardinet (cul-de-sac du), fauxbourg saint Antoine.	Rue saint Bernard.
Jardins (rue des), quartier saint Paul.	Rue des Prêtres saint Paul & rue des Barrés.
Jean-Beau-Sire (rue), quartier saint Antoine.	Près la porte saint Antoine, rue saint Antoine.
Jean de Beauvais (rue saint), quartier de l'Université.	Rue des Noyers & Puits-Certain.
Jean saint Denis (rue), quartier du Louvre.	Rue saint Honoré & rue de Beauvais.
Jean de l'Epine (rue), quartier de la Gréve.	Rue Jean Pain-Mollet, rue de la Vannerie.
Jean en Gréve (Cloître saint), quartier de la Gréve.	Rue du Pet-au diable & rue du Monceau.
Jean-Gilles (rue) ou rue de la Réale, quart des Halles.	Rue de la Truanderie, les petits Piliers.
Jean-Lantier (rue), quartier sainte Opportune.	Rue des Lavandieres & rue des Trois Visages.
Jean de Latran (rue S.) quart. de l'Université.	Rue saint Jean-de Beauvais, vis-à vis le Collége Royal.
Jean de Latran (enclos de S.), quartier de saint Benoit.	Devant le College de Cambrai & rue S. Jean-de-Beauvais.

RUES ET QUARTIERS.	TENANS ET ABOUTISSANS.
Jean-le-Maître (rue) ou rue des Cholets, Q. de l'Université.	Rue ſaint Jacques & rue des Chiens.
Jean-Pain-Mollet (rue) quartier de la Gréve.	Rue des Arcis & rue Jean-de-l'Epine.
Jean-Robert (rue) quartier ſaint Martin.	Rue ſaint Martin & rue Tranſnonain.
Jean-Tiſon (rue) quartier du Louvre.	Rue Bailleul, rue des Foſſés Saint Germain-l'Auxerrois.
Jerôme (rue ſaint) quart. S. Jacques de la Boucherie.	Quai de Geſvres & rue de la Place aux Bœufs.
Jeruſalem (cul-de-ſac de), quartier de la Cité.	Rue ſaint Chriſtophe.
Jeſuites (cul-de-ſac des), quartier ſaint Paul.	Rue ſaint Paul.
Jeu-de-Metz (cul-de ſac du), quartier ſaint André.	Rue ſaint André-des-Arts.
Jeux-neufs (rue des) ou des Jeuneurs, Q. Montmartre.	Rue Montmartre & rue du Centier.
Jolivet (rue), quartier de la Nouvelle-France.	Rue de Rochechouart & rue ſainte Anne.
Joquelet (rue) quartier Montmartre.	Rue Montmartre, rue Notre-Dame des Victoires.
Joſeph (rue ſaint) quartier Montmartre.	Rue Montmartre & rue du gros Chenet.
Joui (rue de), quart. S. Paul.	Rue S. Ant. & rue de Fourci.
Jour (rue du), quartier ſaint Euſtache.	Portail ſaint Euſtache, rue Montmartre.
Joyaillerie (rue de la) ou de la Jouaillerie, quartier ſaint Jacques de la Boucherie.	Quai de Geſvres, Boucherie de l'Apport Paris.
Judas (rue) quartier de l'Univerſité.	Rue des Carmes & Montagne ſainte Geneviéve.
Juifs (rue des), quartier ſaint Antoine.	Rue du Roi de Sicile & rue des Roſiers.
Juiverie (rue de la) quartier de la Cité.	Rue de la Lanterne & rue du Marché Palu.
Julien le Pauvre (rue ſaint), quartier ſaint Benoit.	Rue de la Bucherie & rue Galande.
Julien le Pauvre (Cloître S.), quartier ſaint Benoit.	Rue Galande & rue ſaint Julien.
Julien le Pauvre (Cour de S.), quartier ſaint Benoit.	Rue Galande & rue ſaint Julien.
Juſſienne (rue de la), quartier ſaint Euſtache.	Rue Montmartre & rue Coquéron.

RUES ET QUARTIERS.	TENANS ET ABOUTISSANS.
Lahoussaye (rue de), quartier de la Chaussée d'Antin.	Rues de Provence & Chantrene.
Lambert (rue saint, ou rue de Condé, Q. du Luxembourg.	Rue de la Comédie Françoise & rue de Vaugirard.
Lamoignon (rue de la), quartier de la Cité.	Cour neuve du Palais, rue des Marmouzets
Lamoignon (cour de), quartier de la Cité.	Cour neuve du Palais & Quai des Morfondus.
Lanterne (rue de la), quartier de la Cité.	Rue de la Juiverie & Pont Notre-Dame.
Landry (rue saint) quartier de la Cité.	Rue des Marmouzets & église de saint Landri.
Langlade (rue de) Q. du P. R.	Rues l'Evêque & Traversiere.
Lanterne (rue de la vieille), Q. S. Jacq. de la Boucherie.	Rue Planche-Mibrai & rue saint Jerôme.
Lape (rue de), quartier saint Antoine.	Rue de la Roquette & rue de Charonne.
Lard (rue au), quartier des Halles.	Rue de la Lingerie, Boucherie de Beauvais.
Latour (rue de), quartier du Pont-aux-Choux.	Rue des Fossés du Temple & du Grand-Prieur.
Lavandieres, (rue des), place Maubert.	Rue des Noyers & place Maubert.
Lavandieres (rue des) quartier sainte Opportune.	Rue S. Germain-l'Auxerrois & Cloître ste Opportune.
Laurent (rue saint), fauxbourg saint Denis.	Rue du fauxbourg S. Laurent & rue du fauxb. S. Lazare.
Laurent (rue du fauxbourg S.), fauxbourg saint Martin.	Depuis la Grille S. Martin jusqu'au chemin de la Villette.
Laurent (cul-de-sac saint), quartier saint Denis.	Rue des Fossés saint Denis.
Laurent (rue neuve saint), quartier saint Martin.	Rue du Temple & rue du Verd-Bois.
Lazare (rue du fauxb. saint), fauxbourg saint Denis.	Depuis la Grille saint Denis jusqu'à la campagne.
Lencry (rue de).	Derriere l'Opéra.
Lenoir (rue), fauxbourg S. Antoine.	Marché S. Antoine & grande rue du Fauxbourg.
Lesdiguieres (rue de); quartier saint Paul.	Rue saint Antoine, rue de la Cerisaye.
Leufroi (rue saint), quartier sainte Opportune.	Près le grand Châtelet.
Levrette (rue de la), quartier de la Gréve.	Chef saint Jean en Gréve & port au bled.

Rues et Quartiers.	Tenans et aboutissans.
L'Homme-Armé (rue de), quartier sainte Avoye.	Rue ste Croix de la Bretonnerie, r. des Blancs-Manteaux.
Licorne (rue de la), quartier de la Cité.	Rue saint Christophe & rue des Marmouzets.
Limace (rue de la), quartier sainte Opportune.	Rue des Bourdonnois, rue des Déchargeurs.
Limoges (rue de), quartier du Marais.	Rue de Poitou & rue de Bretagne.
Lingerie (rue de la), quartier des Halles.	Rue saint Honoré, Halle aux poirées.
Lion (rue du petit (, quartier du Luxembourg.	Rue de Condé & rue du petit Bourbon.
Lion (rue du petit), quartier saint Denis.	Rue Pavée, rue saint Denis.
Lionnois (rue des), fauxbourg saint Marcel.	Rue des Charbonniers & rue de l'Oursine.
Lions (rue des), quartier saint Paul.	Rue saint Paul, rue du petit Musc.
Lombards (rue des), quart. S. Jacques de la Boucherie.	Rue saint Denis & rue de la Verrerie.
Long-Pont (rue de), quartier de la Gréve.	Portail saint Gervais, port au bled.
Longue-Allée (rue de la), quartier saint Denis.	Rue saint Denis & rue des Egoûts du Ponceau.
Louis-le-Grand (rue de), Quartier Montmartre.	Rue neuve des petits Champs, rue saint Honoré.
Louis-le-Grand (place de), ou de Vendôme, Q. du Pal. R.	Rue des Capucines & rue saint Honoré.
Louis (rue saint), quartier du Marais.	Rue Boucherat, près la place royale.
Louis (rue saint), quartier de la Cité.	Pont saint Michel & quai des Orfévres.
Louis (rue saint), quartier du palais royal.	Rue saint Honoré, rue de l'Echelle.
Louis (rue saint) Isle Notre-Dame.	Quai d'Alençon & quai d'Orléans.
Louis de l'Hôpital (rue saint), fauxbourg saint Laurent.	Rue saint Maur, rue des Récollets.
Louvre (rue du) ou de l'Oratoire, quartier du Louvre.	Le Louvre & rue saint Honoré.
Louvre (place du), quartier du Louvre.	Rues de Beauvais, du Chantre & Froidmanteau.
Louvre (quai du), quartier du Louvre.	Galleries du Louvre & quai de Bourbon.

Rues et Quartiers.	Tenans et aboutissans.
Lune (rue de la), quartier ſaint Denis.	Rue Poiſſonniere, baſſe rue ſaint Denis.
Luxembourg (rue du), quartier du palais royal.	Rue ſaint Honoré & baſſe rue ſaint Honoré.
Macon (rue), quartier ſaint André.	Rue ſaint André des-Arts & rue de la vieille Bouclerie.
Maçons (rue des), quartier ſaint André.	Rue des Mathurins, place de Sorbonne.
Magdeleine (rue de la), quartier de la Ville-l'Evêque.	Egliſe de la Magdeleine de la Ville l'Evêque.
Magloire (rue ſaint), Q. S. Jacques de la Boucherie.	Rue Salle-au-Comte, rue ſaint Denis.
Magloire (Cloitre S.), Q. S. Jacques de la Boucherie.	Rue ſaint Denis & rue Salle-au-Comte.
Mail (rue du), quartier Montmartre.	Rue Montmartre, près les petits Peres.
Maillet (rue du), fauxbourg ſaint Michel.	Rue du fauxbourg S. Jacques, réſervoir d'Arcueil.
Malaquais (quai de) ou des Théatins, faub. S. Germain.	Pont royal & quai des quatre Nations.
Malthe (rue de), quartier du Pont-aux-Choux.	Rue d'Angoulême & de Menilmontant.
Maltois (rue) ou Martrois, quartier de la Grêve.	Sous l'Hôtel-de-Ville, rue du Monceau.
Marais (rue des), fauxbourg ſaint Martin.	Rue du fauxbourg S. Lazare & rue du fauxb. du Temple.
Marais (rue des) du Temple, fauxbourg du Temple.	Rue du fauxbourg du Temple, rue du Ménil-montant.
Marais (rue des), fauxbourg ſaint Germain.	Rue de Seine & rue des petits Auguſtins
Marais (rue des), fauxbourg ſaint Antoine.	Rue des Foſſés S. Antoine & rue Moreau.
Marc (rue S.), Q. Montm.	Rues de Richelieu & Montm.
Marc (rue neuve ſaint), Q. de la Comédie Italienne.	Rue de Richelieu à la Comédie.
Marc-Antoine (petite rue), quart. du March aux chev.	Grande rue du Banquier, boulevard neuf.
Marcel (rue ſaint) fauxbourg ſaint Marcel.	Rue Mouffetard & rue Gautier-Renaud.
Marcel (Cloitre ſaint), fauxbourg ſaint Marcel.	Rue Mouffetard & des Francs-Bourgeois.
Marcel (rue des foſſés S.) ou rue de la vieille Eſtrapade,	Place de Fourci, place de l'Eſtrapade.
Marcel (Barriere de ſaint).	

Rues et Quartiers.	Tenans et aboutissans.
Marche (rue de la) quartier du Marais.	Rue de Bretagne & rue de Poitou.
Marché des Quinze-Vingts, (cour & Boucherie du),	Rue ſaint Honoré, rue ſaint Nicaiſe.
Marché-neuf (rue du) quartier de la Cité.	Rue ſaint Germain le vieil & rue neuve Notre-Dame.
Marché-Palu (rue du) quartier de la Cité.	Rue de la Juiverie, petit Pont.
Marguerite (rue ſainte), fauxbourg ſaint Germain.	Rue de l'Egoût, petit Marché.
Marguerite (rue ſainte), fauxbourg ſaint Antoine.	Rue du fauxbouxg ſaint Antoine & rue de Charonne.
Marie (rue Ste.), F. S. Ger.	Rue de Bourb. & de Verneuil.
Marie (Pont), Iſle Notre-Dame.	Rue des Nonaindieres & des deux Ponts.
Marigny (rue de), fauxbourg ſaint Honoré.	Grande rue & les Champs Eliſées.
Marine (cul-de-ſac ſainte), quartier de la Cité.	Rue ſaint Pierre aux Bœufs.
Marion (voyez *Abreuvoir*).	
Marionnettes (rue des) quartier ſaint Benoît.	Rue S. Jacques, près le Val-de-Grace, r. de l'Arbalêtre.
Marivaux (grande rue de), Q. S Jacques de la Bouch.	Rue des Lombards & rue des Ecrivains.
Marivaux (petite rue de) Q. S. Jacques de la Boucherie.	Rue Marivaux, rue de la vieille Monnoie.
Marivaux (rue de), quartier de la Comédie Italienne.	Rue de Gretry & le Boulevard.
Marmouzets (rue des), quartier de la Cité.	Rue de la Juiverie & rue des Chanoineſſes.
Marmouzets (rue des), fauxbourg S. Marcel.	Egliſe de ſainte Hyppolite & rue de Bievre.
Martel (rue de), fauxbourg ſaint Martin.	Rue de Paradis & des Petites Ecuries.
Martial (cul-de-ſac ſaint), quartier de la Cité.	Rue de la Savaterie.
Martin (rue ſaint), quartier ſaint Martin.	Depuis ſaint Merry juſqu'à la Porte ſaint Martin.
Martin (rue neuve ſaint), quartier ſaint Martin.	Rue ſaint Martin & rue Notre-Dame de Nazareth.
Martin (rue des foſſés S.), fauxbourg ſaint Martin.	Porte ſaint Martin, rue du fauxbourg du Temple.
Martin (rue du fauxb. ſaint), fauxbourg ſaint Martin.	Depuis la porte S. Martin juſqu'à la grille, f. S. Martin.

Martin

RUES ET QUARTIERS.	TENANS ET ABOUTISSANS.
Martin (enclos de ſaint), quartier ſaint Martin.	Rue ſaint Martin.
Martin des Champs (cloître S.) fauxbourg ſaint Martin.	Rue ſaint Martin.
Martin (Barriere de ſaint).	
Martrois, (voyez *Malrois*.	
Mathurins (rue des), quartier ſaint André.	Rue ſaint Jacques & rue de la Harpe.
Mathurins (rue du), quartier de la Chauſſée d'Antin	Grande rue & rue Tarade.
Matignon (grande rue de), quartier du Louvre.	Galleries du Louvre & rue du Doyenné.
Matignon (petite rue de), quartier du Louvre.	Galleries du Louvre, grande rue de Matignon.
Maubert (place), quartier de la place Maubert.	Rues Galande, d'Amboiſe & Montagne Ste Genevieve.
Maubué (rue), quartier ſaint Martin.	Rue Simon-le-Franc, rue ſaint Martin.
Mauconſeil (rue), quartier des Halles.	Rue Comteſſe d'Artois, rue ſaint Denis.
Maur (rue de la cour du), quartier ſaint Martin.	Rue ſaint Martin, rue Beaubourg.
Maur (rue ſaint), fauxbourg ſaint Laurent.	Rue chemin ſaint Denis, derriere l'Hôpital ſaint Louis.
Maur (rue ſaint), quartier du Luxembourg.	Rue de Seve & rue des vieilles Thuileries.
Mauvais-Garçons (rue des), quartier de la Grêve.	Rue de la Tiſſeranderie & rue de la Verrerie.
Mauvais-Garçons (rue des), fauxbourg ſaint Germain.	Rue des Boucheries, rue de Buſſy.
Mauvaiſes-Paroles (rue des), quartier ſainte Opportune.	Rue des Bourdonnois, rue des Lavandieres.
Mazarine (rue), fauxbourg ſaint Germain.	Rue de la Com. franç. derriere le College des 4 Nations,
Mazure (rue), quartier ſaint Paul.	Place aux Veaux, rue de la Mortellerie.
Medard (rue neuve S.) ou d'Ablon, fauxb. S. Marcel.	Rue Mouffetard & rue Gracieuſe.
Megiſſerie (quai de la), ou de la Féraille, Q. Ste Opportune.	Deſcente dn Pont-neuf & du grand Châtelet.
Mélay (rue), quartier ſaint Martin.	Rue ſaint Martin près la porte, au haut de la rue du Temple.
Menetriers (rue des), quartier ſaint Martin.	Rue ſaint Martin & rue Beaubourg.

E

RUES ET QUARTIERS.	TENANS ET ABOUTISSANS.
Menil-montant (rue du), fauxbourg du Temple.	Rue des fossés du Temple, près le réservoir.
Merci (rue de la), ou du Chaume, Q. sainte Avoye.	Rue de l'Homme armé & rue du grand Chantier.
Mercieré (rue) quartier saint Eustache.	Rue de Grenelle & rue de Viarmes.
Merry (rue neuve saint), quartier saint Martin.	Rue saint Martin & de sainte Croix de la Bretonnerie.
Merry (rue du Cloitre S.), quartier saint Martin.	Rue saint Martin, rue de la Verrerie.
Merry (Cloitre saint), quartier saint Martin.	Rue saint Martin & de la Verrerie.
Meurier (rue du), place Maubert.	Rue Traversine, rue saint Victor.
Méziére (rue), quartier du Luxembourg.	Rue Cassette, rue Pot de Fer.
Michaudiere (rue de la), Q. de la Comédie Italienne.	Rue d'Aiguillon & le Boulevard.
Michaudiere (rue de la), F. saint Martin.	Rue de Paradis & des Petites Ecuries.
Michel-le-Comte (rue), quartier saint Martin.	Rue Grenier saint Lazare & des vieilles Audriettes.
Michel (pont saint), quartier de la Cité.	Rue de la Barillerie, place du Pont saint Michel.
Michel (place saint) quartier saint André.	Rues de la Harpe, saint Hyacinthe & d'Enfer.
Michel (rue des fossés S.) ou rue saint Hyacinte, quartier saint André.	Place S. Michel & rue saint Jacques.
Michel (cul-de-sac du grand saint), fauxbourg S. Laurent.	Rue du Fauxbourg saint Laurent.
Michel (Barriére de saint)	
Mignon (rue), Q. S. André.	Rues du Battoir & du Jardinet
Millet (rue), fauxb. S. Hon.	Grande rue & les Ch. Elisées.
Minimes (rue des), quartier du Marais.	Rue saint Louis & rue des Tournelles.
Miracles (cour des), quartier saint Denis.	Rue neuve S. Sauveur.
Mironesnil (rue de), F. S. H.	Grande rue & la rue Verte.
Moine (rue du petit), Fauxbourg saint Marcel.	Rue saint Marcel & rue de la Barre.
Moineaux (rue des), quartier du Palais Royal.	Rue saint Roch & rue des Orties.

RUES ET QUARTIERS.	TENANS ET ABOUTISSANS.
Moliere (rue), quartier du Luxembourg.	Rue de Vaugirard & du Théâtre François.
Monceau (rue du), quartier du Palais Royal.	Rue du Roule & la Campagne.
Monceau (rue du) saint Gervais, quartier de la Gréve.	Rue Maltoi , Portail saint Gervais.
Mondetour (rue), quartier des Halles.	Rue de la Truanderie & rue des Cignes.
Monnoie (rue de la), quartier du Louvre.	Rue du Roule, carrefour des trois Maries.
Monnoie (rue de la vieille), Q. S. Jacq. de la Bouch.	Rue des Lombards & rue de la Savonnerie.
Montagne Sainte Genevieve, Place Maubert.	Place Maubert & Fontaine Sainte Genevieve.
Monfort (rue de) F. du R.	Rue du Fauxb. du Roule.
Montgallet (rue), Fauxbourg saint Antoine.	Rues de Reuilli & de la Vallée de Fécamp.
Montholons (rue), fauxbourg saint Martin.	Rues Poissonniere & de Rochechoire.
Montmartre (rue), quartier Montmartre.	Depuis la pointe S. Eustache jusqu'à la Porte dite Montm.
Montmartre (Barriére.)	
Montmartre (rue des Fossés), quartier Montmartre.	Place des Victoires & rue Montmartre.
Montmartre (rue du fauxb.), fauxbourg Montmartre.	Depuis la Porte de ce nom jusqu'aux Porcherons.
Montmorenci (rue), quartier S. Martin.	Rue Saint Martin & rue Transnonain.
Montorgueil (rue), quartier saint Eustache.	Rue Comtesse d'Artois & du petit Carreau.
Montpensier (rue), quartier du Palais Royal.	Rue de Chartres & de Valois.
Montreuil (rue de), fauxbourg saint Antoine.	Rue du Foin S. Antoine, près l'Abb. Barr. de Montreuil.
Moreau (rue) ou des Filles Angloises, F. S. Antoine.	Rue de la Rapée & rue de Charenton.
Morfondus (quai des) ou de l'Horloge, Q. de la Cité.	Pont au Change, Pont neuf.
Mortagne (cul-de-sac), F. saint Antoine.	Rue de Charonne.
Mortellerie (rue de la), Q. de la Greve.	Depuis la Place de Grève jusqu'à la rue des Barres.
Mouffetard (rue), fauxbourg saint Marcel.	Rue Bordet, rue S. Marcel.

Rues et Quartiers.	Tenans et aboutissans.
Moulins (rue des), quartier du Palais Royal.	Rue l'Evêque & rue Thérese.
Mousfot (rue de), F. du R.	Rue du Fauxb. du Roule.
Moussy (rue de), quartier sainte Avoye.	Rue de la Verrerie, rue Sainte Croix de la Bretonnerie.
Mouton (rue du), quartier de la Grève.	Place de Grève, rue de la Tisseranderie.
Muette (rue de la), fauxbourg saint Antoine.	Rue de Charonne & Murs de la Roquette.
Mulets (rue des), quartier du Palais Royal.	Rue d'Argenteuil, rue des Moineaux.
Murs (rue des) de la Roquette, F. S. Antoine.	Rue de la Roquette & rue des Amandiers.
Muse (rue du petit), quart. saint Paul.	Rue Saint Antoine, quai des Célestins.
Nazareth (rue de), quartier de la Cité.	Quai des Orfevres, Cour du Palais.
Neuf (Pont), quartier de la Cité.	Rue Dauphine & Carrefour des trois Maries.
Neuf (quai) ou quai Pelletier, quartier de la Grève.	Pont Notre-Dame & Place de Grève.
Nevers (rue de), fauxbourg Saint Germain.	Quai de Conti, rue d'Anjou.
Nicaise (rue Saint), quartier du Palais Royal.	Galleries du Louvre, rue S. Honoré.
Nicolas (rue Saint), fauxbourg Saint Antoine.	Rue du Fauxb. S. Antoine & rue de Charenton.
Nicolas des Champs (Cloître Saint), Q. Saint Martin.	Rue S. Martin.
Nicolas du Chardonnet (rue Saint), place Maubert.	Rue des Bernardins, rue Traversine.
Nicolas du Louvre (Cloître Saint), quart. du Louvre.	Rue Saint Thomas du Louvre & rue Fromenteau.
Nicolas (Barriere du Port S.),	
Nicolas (rue saint), quartier de la Chaussée d'Antin.	
Noir (rue du), fauxbourg S. Marcel.	Rue Gracieuse & rue neuve d'Orléans.
Nonaindieres (rue des), Q. S. Paul.	Pont Marie, rue de Fourci.
Normandie (rue de), quart. du Marais.	Rue Charlot & rue S. Louis.
Notre-Dame de Bonne-nouvelle (rue), Q. S. Denis.	Rue de Beauregard, rue S. Denis.

RUES ET QUARTIERS.	TENANS ET ABOUTISSANS.
Notre-Dame des Champs (rue), quartier du Luxembourg.	Rue de Vaugirard, derriere les Chartreux.
Notre-Dame de Lorette (rue) ou Coquemare, fauxbourg Montmartre.	Rue des Porcherons & la Voierie.
Notre-Dame de Nazareth (rue), Q. S. Martin.	Rue neuve Saint Martin & rue du Temple.
Notre-Dame de Recouvrance (rue), quartier S. Denis.	Rue Beauregard, barriere de la Ville-neuve.
Notre-Dame des Victoires (rue), Q. Montmartre.	Rue des petits Peres, haut de la rue Montmartre.
Notre-Dame (Cloître), Q. de la Cité.	Le Parvis & rue d'Enfer, du Chapitre.
Notre-Dame (rue neuve), quartier de la Cité.	Parvis Notre-Dame, Marché-*Neuf*.
Notre-Dame (vieille place), fauxbourg S. Marcel.	Rue neuve d'Orléans, rue du Censier.
Notre-Dame (Pont), quartier de la Cité.	Rue de la Lanterne & rue Planchemibray.
Novion (cul-de-sac de), Q. Sainte Avoye.	Rue des Blancs-Manteaux.
Noyers (rue des), quartier Saint Benoit.	Place Maubert & rue Saint Jacques.
Oblin (rue), quartier Saint Eustache.	Portail Saint Eustache & rue de Viarmes.
Observance (rue de l'), quart. Saint André.	Rue des Cordeliers, rue des Fossés M. le Prince.
Observatoire (rue de l'), F. Saint Michel.	Rue Maillet, derriere l'Observatoire.
Ogniard (rue), Q. S. Jacques de la Boucherie.	Rue Saint Martin & rue des cinq Diamants.
Oiseaux (rue des), quartier du Marais.	Rue d'Anjou, & rue d'Orléans.
Olivet (rue d'), fauxb. Saint Germain.	Rue des Brodeurs & rue de Traverse.
Opportune (Cloître Sainte), quartier Sainte Opportune.	Rues des Foureurs, des Lavandieres, de la Harangerie, & de la Tableterie.
Orangerie (rue de l') ou des Tuileries, Q. S. Honoré.	Rue Saint Honoré & Jardin des Tuileries.
Oratoire (rue de l') ou rue du Louvre, Q. du Louvre.	Le Louvre & rue Saint Honoré.
Orfévres (rue des), quartier Sainte Opportune.	Rue S. Germain l'Auxerrois, rue Jean Lantier.

Rues et Quartiers.	Tenans et aboutissans.
Orfevres (quai des), quartier de la Cité.	Pont neuf & rue S. Louis.
Orléans (rue d'), quartier S. Eustache.	Rue S. Honoré & des deux Ecus.
Orléans (rue d'), quartier du Marais.	Rue de Berri, rue des quatre Fils.
Orléans (quai d'), Isle Notre-Dame.	Pont Rouge & Pont de la Tournelle.
Orléans (rue neuve d'), Q. Saint Martin.	Porte S. Denis & Porte S. Martin.
Orléans (rue neuve d') ou des Boulles, F. S. Victor.	Rue Mouffetard, rue Saint Victor.
Ormes (quai des), ou Beaufils, Q. S. Paul.	Place aux Veaux, quai S. Paul.
Orsay (quai d'), fauxbourg S. Germain.	Pont Royal & Quai de la Grenouilliere.
Orties (rue des), quartier du Palais Royal.	Rue Sainte Anne & rue d'Argenteuil.
Orties (rue des), quartier du Louvre.	Rue Fromanteau, Galleries du Louvre.
Oseille (rue de l'), quartier du Marais.	Vieille rue du Temple, rue du Pont-aux-Choux.
Ours (rue aux) ou aux Oues, quartier Saint Denis.	Rues Saint Martin & Saint Denis.
Oursine (rue de l'), F. S. Marcel.	Haut de la rue Mouffetard, chemin de Gentilly.
Oursine (Barriere de l').	
Pagevin (rue), quartier S. Eustache.	Rues des Vieux Augustins, rue Verderet.
Palais (ancienne Cour du), quartier de la Cité.	Rue de Nazareth, rue Sainte Anne, & rue Saint Eloi.
Palais (cour neuve du), Q. de la Cité.	Rue du Harlai, Cour de Lamoignon.
Palais Abbatial (Cour du), de l'Abbaye S. Germain des Près, F. S. Germain.	Rue du Colombier & rue de Bussy.
Palais Royal (Place du), Q. du Palais Royal.	Vis-à-vis le Palais Royal.
Palais Royal (cul-de-sac du), Q. du Palais Royal.	Rue de Richelieu.
Palatine (rue) ou du Cimet. Q. du Luxembourg.	Rue Férou & rue Garancieres.
Paon (rue du), place Maubert.	Rue S. Victor, rue Traversine.

RUES ET QUARTIERS.	TENANS ET ABOUTISSANS.
Paon (rue du), quartier S. André.	Rue des Cordeliers & rue du Jardinet.
Paon (cul-de-sac du), quartier S. André.	Rue S. André des Arts.
Papillon (rue), F. S. Martin.	Rue d'Enfer & de Montholon.
Paradis (rue de), quartier Sainte Avoye.	Rue de la Merci, vielle rue rue du Temple.
Paradis (rue de), F. Saint Jacques.	Près S. Jacques du Haut-Pas.
Paradis (rue de), F. Saint Lazare.	Rue d'Enfer & du fauxbourg Saint Lazare.
Parcheminerie (rue de la), quartier Saint André.	Rue Saint Jacques & rue de la Harpe.
Parc-Royal (rue du), quart. Saint Antoine.	Place Royale, rue des Minimes.
Parc-Royal (rue du), quartier du Marais.	Rue Saint Louis & rue de Thorigny.
Pas-de-Mule (rue du), quartier Saint Antoine.	Place Royale, Boulevard S. Antoine.
Paſtourelle (rue), quart. du Temple.	Rue du Temple & rue d'Anjou.
Patriarches (cul-de-ſac des), F. S. Marcel.	Rue Mouffetard.
Paul (rue ſaint), quartier Saint Paul.	Rue Saint Antoine & Port Saint Paul.
Paul (cul-de-ſac ſaint), Q. Saint Paul.	Rue Saint Antoine.
Paul (rue neuve Saint), Q. Saint Paul.	Rue Saint Paul, rue des trois Piſtolets.
Paul (Quai ſaint), quartier Saint Paul.	Rue Saint Paul, Quai des Ormes.
Paul (Barriere du Port S.).	
Pavée (rue), quartier Saint André.	Quai des Auguſtins & rue S. André des Arts.
Pavée (rue), quartier Saint Denis.	Rue Montorgueil & rue du petit Lyon.
Pavée (rue), place Maubert.	Rues d'Amboiſe & des Grands degrés.
Pavée (rue), quartier Saint Antoine.	Rue des Francs-Bourgeois & rue du Roi de Sicile.
Parvis Notre-Dame (Place du), quartier de la Cité.	Vis-à-vis Notre-Dame.
Payenne (rue), quartier S. Antoine.	Rue du Parc Royal, rue des Francs-Bourgeois.

Rues et Quartiers.	Tenans et aboutissans.
Pélican (rue du), quartier S. Eustache.	Rue Croix des-petits-Champs, rue de Grenelle.
Pelleterie (rue de la), Q. de la Cité.	Rue de la Lanterne, rue S. Barthélemi.
Pelletier (Quai) ou Quai neuf, quartier de la Grève.	Pont Notre-Dame & Place de Grève.
Peniche (rue) ou rue Saint Pierre, Q. Montmartre.	Rue Montmartre & rue Notre-Dame des Victoires.
Pepin (rue de l'Abreuvoir), quartier sainte Oportune.	Quai de la Féraille, rue S. Germain-l'Auxerrois.
Pépiniere (rue de la), fauxbourg du Roule.	Rue de Villiers & les Porcherons.
Péquai (cul-de-sac) ou de Novion, Q. S. Avoye.	Rue des Blancs-Manteaux.
Percée (rue), quartier Saint André.	Rue de la Harpe, rue Hautefeuille.
Percée (rue), quartier Saint Antoine.	Rue Saint Antoine, rue des Prêtres S. Paul.
Perche (rue du), quartier du Marais.	Vieille rue du Temple & rue d'Orléans.
Perdue (rue), place Maubert.	Place Maubert & rue Pavée.
Peres (rue des Saints), F. S. Germain.	Quai des Théatins, rue de Grenelle.
Peres (rue des petits), Q. Montmartre.	Rue du Mail, près les petits Peres.
Perin-Gasselin (rue), quartier Sainte Opportune.	Rue Saint Denis; Place du Chevalier du Guet.
Perigueux (rue de), quartier du Marais.	Rue Boucherat & rue de Bretagne.
Perle (rue de la), quartier du Marais.	Vieille rue du Temple & de Thorigny.
Peronnelle (cul-de-sac) ou de la Corderie, Q. du Palais Royal.	Rue neuve Saint Roch.
Perpignan (rue de), quartier de la Cité.	Rue des Canettes, rue des Marmouzets.
Pet-au-Diable (rue du), Q. de la Grève.	Rue de la Tisseranderie & Cloître Saint Jean.
Phelipeaux (rue), quart. S. Martin.	Rue du Temple, rue Frépillon.
Picpus (rue de), F. S. Ant.	Le Thrône, Couv. de Picpus.
Picpus (Barriere de).	
Pied-de-Bœuf (rue), Q. S. Jacques de la Boucherie.	Boucheries de l'Apport-Paris.

Pierre

RUES ET QUARTIERS.	TENANS ET ABOUTISSANS.
Pierre (rue Saint), quartier Montmartre.	Rue Montmarrre, rue Notre-Dame des Victoires.
Pierre (rue Saint), quartier Saint Martin.	Rue neuve Saint Gilles & rue des douzes Portes.
Pierre Assise (rue) ou Quiraffis, fauxbourg S. Marcel.	Rue Saint Marcel, rue des trois Couronnes.
Pierre aux Bœufs, quartier de la Cité.	Rue Saint Christophe, rue des Marmouzets.
Pierre-Gourtin (cul-de-sac), quartier Montmartre.	Rue Montmartre.
Pierre-au-lait (Carrefour de la), Q^e S. Jacq. de la B.	Rue de la vieille Monnoie & de la Savonnerie.
Pierre-au-Lard (rue), quart. du Marais.	Rune neuve Saint Merry & rue du Poirier.
Pierre-aux Poissons (rue), Q. S. Jacq. de la Boucherie.	Attenant le grand Châtelet.
Pierre-Sarrasin (rue), quart. S. André.	Rue Hautefeuille & rue de la Harpe.
Pierre (cul-de-sac saint), quartier Montmartre.	Rue Saint Pierre.
Piliers (rue des Grands), Q. des Halles.	Rue Saint Honoré, Pointe Saint Eustache.
Piliers (rue des Petits), Q. des Halles.	Rue de la Truanderie & de la Fromagerie.
Piliers des Potiers d'étain (rue des), Q. des Halles.	Rue Tirouanne & rue de la Cossonnerie.
Pincourt (rue du bas), fauxbourg du Temple.	Rue de Menil-montant & de la Roquette.
Pirouette des Halles.	
Place aux Veaux (rue de la), Q. S. Jacq. de la Boucher.	Rues Planche-Mibray & Saint Jacques de la Boucherie.
Placide (rue Saint), Q. du Luxembourg.	Rue de Seve & des vieilles Tuileries.
Planche (rue de la), F. S. G.	Rue du Bac, rue de la Chaise.
Planche-Mibrai (rue de la), quartier de la Grève.	Pont Notre-Dame & rue des Arcis.
Planchette (rue de la), F. Saint Antoine.	Rue de Charenton & rue de la Vallée de Fécamp.
Planchette (rue de la), F. Saint Antoine.	Rue des Marais, rue de Charenton, près la Porte S. Ant.
Plat d'Etain (rue du), quartier sainte Oportune.	Rues des Déchargeurs & des Lavandieres.
Plâ re (rue du), quartier saint Benoit.	Rue saint Jacques, rue des Anglois.

RUES ET QUARTIERS.	TENANS ET ABOUTISSANS.
Plâtre (rue du), quartier sainte Avoye.	Rue sainte Avoye, rue de l'Homme armé.
Plâtriere (rue du), quartier saint Eustache.	Rue Montmartre & rue Coquilliere.
Plumet (rue), fauxbourg saint Germain.	Derriere les Incurables & la campagne.
Plumets (rue des), quartier de la Greve.	Rue de la Mortellerie, port-au-bled.
Pointe saint Eustache, quart. saint Eustache.	Rue Montmartre, les Halles.
Poirées (rue des), ou rue Grenouillere.	
Poirier (rue du), quartier saint Martin.	Rue neuve saint Médéric, rue Maubuée.
Poissonniere (rue), quartier saint Denis.	Rue du petit Carreau, boulevard de la Ville-neuve.
Poitevins (rue), ou des Poitevins, quartier S. André.	Rue Hautefeuille, rue du Battoir.
Poitiers (rue des), fauxbourg saint Germain.	Rue de l'Université & port de la Grenouillere.
Poitou (rue de), quartier du Temple.	Vieille rue du Temple & d'Anjou.
Poliveau (rue), ou des Sauvages, fauxbourg S. Victor.	Croix-Clamart & le bord de l'eau.
Pologne (rue de la), ou de l'Arcade, Q. de la Ville-l'Evêque.	La Pologne, rue de la Ville-l'Evêque.
Ponceau (rue de l'Egoût du), quartier saint Denis.	Rues saint Denis & saint Martin.
Pont-aux-choux (rue du), quartier saint Martin.	Rue saint Louis & les boulevards.
Pont (rue du petit), quartier saint Benoît.	Petit-Châtelet, rue saint Jacques.
Pont (petit), quartier de la Cité.	Rue du petit Pont & du Marché Palu.
Pont-aux-Biches (rue du), quartier saint Martin.	Rue de la Croix & rue neuve saint Martin.
Pont-Alets (carrefour du), quartier des Halles.	Pointe saint Eustache.
Pont saint Michel (place du), quartier saint André.	Pont saint Michel, rue de la vieille Bouclerie & rue saint André-des-Arcs.
Ponts (rue des deux), Isle Notre-Dame.	Pont Marie pont de la Tournelle.

RUES ET QUARTIERS.	TENANS ET ABOUTISSANS.
Popincourt (rue de), fauxbourg du Temple.	Rue du Meni-montant & rue de la Roquette.
Porcherons (rue des), fauxbourg Montmartre.	Depuis la Pologne jusques près Notre-Dame de Lorette.
Port aux Œufs (rue du), quartier de la Cité.	Rue de la Pelleterie, le bord de l'eau.
Port à maître Pierre (rue du), quartier saint Benoît.	Le bord de l'eau & rue de la Bucherie.
Port-l'Evêque (rue du), Q. de la Cité.	Parvis Notre-Dame & pont de l'Hôtel-Dieu.
Porte-dorée (rue de la), Q. saint Paul.	Rue de la Mortellerie, place aux Veaux.
Porte-foin (rue), quartier du Temple.	Rues fauxbourg du Temple & des Enfans rouges.
Porte aux Peintres (cul-de-sac de la), quart. S. Den.	Rue saint Denis.
Portes (rue des deux), Q. de la Greve.	Rues de la Verrerie & de la Tixeranderie.
Portes (rue des deux), quartier saint André.	Rue de la Harpe, rue Hautefeuille.
Portes (rue des deux), Q. saint Denis.	Rue du petit Lion, rue Thevenot.
Portes (rue des deux), quartier saint Denis.	Rue saint Martin & rue saint Denis.
Portes (rue des douze), F. S. Antoine.	Rues saint Louis & saint Pierre.
Postes (rue des), quartier saint Benoît.	L'Estrapade, rue de l'Arbalêtre.
Pot-de fer (rue du), quartier du Luxembourg.	Rue de Vaugirard, rue du vieux Colombier.
Pot-de-fer (rue du), fauxbourg saint Marcel.	Rue Mouffetard & rue neuve sainte Genevieve.
Poterie (rue de la), quartier des Halles.	Rues de la Lingerie & de la Tonnellerie.
Poterie (rue de la), quatrier de la Greve.	Rue de la Verrerie & de la Tixeranderie.
Poterie (rue de la), fauxbourg saint Marcel.	Rue des Postes, rue des Vignes.
Potier (rue du), quartier S. Germain.	
Poules (rue des), fauxbourg saint Marcel.	Rue du Puits qui-parle, rue des Fossés saint Marcel.
Poulies (rue des), quartier du Louvre.	Rue saint Honoré & rue des Fossés S. Germ.-l'Aux.

Rues et Quartiers.	Tenans et aboutissans.
Poultier (rue), ou Poulletiere, Isle Notre-Dame.	Rue d'Alençon & rue Dauphine.
Poupée (rue), quartier saint André.	Rue de la Harpe, rue Hautefeuille.
Pourtour (rue du), quartier de la Greve.	Place Baudoyer, Orme saint Gervais.
Prêcheurs (rue des), quartier des Halles.	Rue saint Denis, les Halles.
Prêcheurs (cul-de sac des), ou de la Brasserie, quartier du Palais Royal.	Rue Traversiere.
Prêtres S. Etienne (rue des), quartier saint Benoit.	Rue Bordet & place saint Etienne-du-mont.
Prêtres (rue des), saint Germain l'Auxerrois, Q. du Louvre	Cloitre saint Germain, Quai de l'Ecole.
Prêtres (rue des), saint Paul, quartier saint Paul.	Rue saint Paul & rue de Joui.
Prêtres (rue des), saint Severin, Q. saint André.	Rue saint Severin & rue de la Parcheminerie.
Prince (rue des Fossés M. le), quartier du Luxembourg.	Rue de la Comédie Françoise, rue des Francs-Bourgeois.
Princesse (rue) quartier du Luxembourg.	Rue du Four & rue Guisarde.
Procession (rue de la), fauxbourg saint Antoine.	Rue de Picpus, Chemin de Conflans.
Projettée (rue), quartier de la Comédie Italienne.	Rue de Choiseuil & de la Michodiere.
Provenciaux (rue des) ou des Provenciaux, ou d'Anjou (cul-de-sac), quartier du Louvre.	Rue de l'Arbre-sec.
Prouvaires (rue des) quartier saint Eustache.	Rue saint Eustache & rue saint Honoré.
Puits (rue du), d'Amour. (*Voyez r. petite Truanderie*).	
Puits (rue du), Certain. (*Voyez rue S. Hilaire*).	
Puits (rue du), de la Ville fauxbourg saint Jacques.	Rue de l'Arbalêtre & des Feuillantines.
Puits (rue du), qui parle fauxbourg saint Marcel.	Rue des Postes, & rue neuve sainte Genevieve.
Puits (rue du), de Rome quartier saint Martin.	Rue Aumaire, rue du Puits de Rome.

RUES ET QUARTIERS.	TENANS ET ABOUTISSANS.
Puits (rue du), l'Hermite fauxbourg ſaint Victor.	Rue du Battoir, & rue Françoiſe.
Puits-l' Hermite (Carrefour du) faubourg ſaint Victor.	Rue du Battoir, rue Fontaine & Françoiſe.
Puits (rue du), quartier ſainte Avoye.	Rue ſainte Croix de la Bretonnerie, rue des Blancs-Manteaux.
Putigneux ou *Putigno* (cul-de-ſac), quart. ſaint Paul.	Rue ſaint Paul & rue Geoffroi l'Aſnier.
Quatre-Fils (rue des), quartier du Marais.	Rue du Chaume, vieille rue du Temple.
Quatre-Nations (Quai des), fauxbourg ſaint Germain.	Quai de Conti & Quai des quatre Nations.
Quatre-Vents (rue des) quartier du Luxembourg.	Rue de Condé, Porte de la Foire ſaint Germain.
Quatre-Vents (cul-de-ſac des), quartier du Luxembourg.	Rue des Quatre-Vents.
Quenouilles (rue des), quartier ſainte Oportune.	Quai de la Féraille & rue ſaint Germain l'Auxerrois.
Quincampoix (rue), quartier ſaint Jacques de la Bouch.	Rue Aubri-le-Boucher, rue aux Ours.
Quinze-Vingts (enclos des), quartier ſaint Honoré.	Rue ſaint Honoré & rue ſaint Nicaiſe.
Quinze-Vingts (rue des), Q. du Palais Royal.	Rue de Valois & rue de Rohan.
Quiraſſis (rue), ou rue Pierre-aſſiſe faubourg ſaint Marcel.	Rue ſaint Marcel & rue des trois Couronnes.
Rambouillet (rue de), fauxbourg ſaint Antoine.	Rue de la Rapée & rue du bas de Reuilly.
Rambouillet (Barriére de),	
Rampart (rue du) fauxbourg ſaint Antoine.	Porte ſaint Antoine, Boulevard ſaint Antoine.
Rapée (rue de la), fauxb. ſaint Honoré.	Rue de la Contreſcarpe & Barriére de la Rapée.
Rapée (Barriére de la),	
Raquette (rue de la), ou de Roquette fauxbourg ſaint Antoine.	Porte ſaint Antoine & Couvent de la Roquette.
Rats (rue des), quartier S. Benoît.	Rue Gallande & rue de la Bucherie.
Rats (rue des), fauxbourg ſaint Antoine.	Murs de la Roquette, rue ſaint André.
Réale (rue de la), ou Jean-Gilles, Q. des Halles.	Rue de la Truanderie, rue des petits Piliers.

Rues et Quartiers.	Tenans et aboutissans.
Recollets (rue des), fauxbourg ſaint Laurent.	Rue du fauxbourg ſaint Laurent, rue de l'Hôpital ſaint Louis.
Regard (rue du), quartier du Luxemborg.	Rue du Cherche-midi & rue de Vaugirard.
Renaud-le-Fevre (rue), quartier de la Greve.	Place cimetiere ſaint Jean & place Baudoyer.
Regratiere (rue), Iſle Notre-Dame.	Quai de Bourbon, rue ſaint Louis.
Reine-blanche (rue de la), F. ſaint Marcel.	Rue ſaint Marcel & rue des Hauts-Foſſés de S. Marcel.
Reims (rue de), quartier S. Benoît.	Rue des ſept Voies, rue des Chiens.
Rempart (rue du) ou Champion, Q. du Palais Royal.	Rue ſaint Honoré & rue de Richelieu.
Remparts (rue des), quartier ſaint Martin.	Porte ſaint Martin, porte du Temple.
Renard (rue du), ou rue du Chat qui pêche, quartier ſaint André.	Rue de la Huchette & la riviere.
Renard (rue du), quartier S. Martin.	Rue Neuve ſaint Médéric, rue de la Verrerie.
Repoſoir (rue du), quartier ſaint Euſtache.	Place des Victoires & rue des vieux Auguſtins.
Reuilli (grande rue de), fauxbourg ſaint Antoine.	Rue du fauxbourg ſaint Antoine, rue de Charenton.
Reuilli (petite rue de), fauxbourg ſaint Antoine.	Rue de Rueilli & barriere de Charenton.
Reuilli (rue du bas), fauxbourg ſaint Antoine.	Rues de Reuilli & de Charenton.
Riboté (rue), Fauxb. S. Mart.	Rue d'Enfer & de Montholon.
Richelieu (rue de), quartier du Palais Royal.	Rue ſaint Honoré, rue Grange-bateliere.
Richelieu (rue neuve de), quartier ſaint André.	Rue de la Harpe & place de Sorbonne.
Roch (rue ſaint), fauxbourg Montmartre.	Rue Poiſſonniere, rue du gros-Chenet.
Roch (rue neuve ſaint), quartier du Palais Royal.	Rue ſaint Honoré & rue neuve des petits Champs.
Roch (cul-de-ſac ſaint), Q. du Palais Royal.	Rue d'Argenteuil.
Rohan (rue de), Q. du P. R.	Rues de Chartres & S. Hon.
Rollin-prend-gages (cul-de-ſac), Q. ſainte Oppotune.	Rue ſainte Oportune, rue des Lavandieres.

RUES ET QUARTIERS.	TENANS ET ABOUTISSANS.
Romain (rue ſaint), quartier du Luxembourg.	Rue de Seve & rue des vieilles Thuileries.
Roquette (rue de la), fauxbourg ſaint Antoine.	Porte ſaint Antoine, Couvent de la Roquette.
Roquette (cul-de-ſac de la), fauxbourg ſaint Antoine.	Rue de la Roquette.
Roquepine (rue de), quartier Saint Honoré.	Rue Verte & grande rue du Fauxbourg. Saint-Honoré.
Roſiers (rue des), quartier ſaint Antoine.	Vieille rue du Temple & rue des Juifs.
Roſiers (rue des), fauxbourg ſaint Germain.	Rue ſaint Dominique, rue de Grenelle.
Rouen (cul-de-ſac de la cour de), quartier ſaint André.	Rue de l'Eperon.
Rouge (pont), ou pont de bois, quartier de la Cité.	Rue d'Enfer & Iſle S. Louis.
Roule (rue du), Q. du L.	Rues S. Hon. rue de la Mon.
Roule (rue du), fauxbourg du Roule.	Rue du fauxbourg ſaint Honoré & chemin de Neuilly.
Roule (barriere du).	
Rouſſelet (rue), ou des Vaches, quartier ſaint Germain.	Rue de Seve, rue Blomet.
Roi de Sicile (rue du), quart. ſaint Antoine.	Vieille rue du Temple & rue des Ballets.
Roi doré (rue du), quartier du Marais.	Rues ſaint Gervais & ſaint Louis.
Roi-François (cour du), Q. ſaint Denis.	Rue ſaint Denis, près les Filles-Dieu.
Royal (pont), fauxbourg ſaint Germain.	Les Thuileries & rue du Bac.
Royale (rue), quartier Montmartre.	Rue Thérefe, rue neuve des petits Champs.
Royale (rue), quartier ſaint Antoine.	Rue S. Antoine, place Royale.
Royale (place), ou de Louis XIII, Q. S. Antoine.	Rues de l'Echarpe, du Pas de la mule & Royale.
Sabot (rue du), fauxbourg ſaint Germain.	Rue du Four, & rue du Sepulchre.
Sablons (cul-de-ſac des), Q. de la Cité.	Rue neuve Notre-Dame.
Saintonge (rue de), quartier du Marais.	Rue de Bretagne, boulevard.
Salembriere (cul-de-ſac de la), Q. ſaint André.	Rue ſaint Severin.

Rues et Quartiers.	Tenans et aboutissans.
Salle au Comte (rue), quartier faint Jacques de la Bouch.	Rue aux Ours, derriere l'Eglife faint Leu.
Sanfonnets (rue des), fauxbourg faint Jacques.	Rue faint Jacques, & Champs des Capucins.
Santé (rue de la), fauxbourg faint Jacques.	Champs des Capucins & barriere de la Santé.
Sartine (rue de), quartier faint Euftache.	Rue Coquilliere, rue de Viarmes.
Saunerie (rue de la), ou Sonnerie, quartier fainte Oportune.	Quai de la Feraille & rue faint Germain-l'Auxerrois.
Sauffayes (rue des), fauxbourg faint Honoré.	Rue du fauxbourg faint Honoré, rue de Surêne.
Sauffayes (rue des), place Maubert.	
Sauveur (rue faint), quartier faint Denis.	Rue du petit Carreau & rue faint Denis
Sauveur (rue neuve faint), quartier faint Denis.	Rue du petit Carreau & Cour des miracles.
Savaterie (rue de la), quartier de la Cité.	Rue de la Draperie & rue de la Calandre.
Savonnerie (rue de la), Q. S. Jacques de la Boucherie.	Rue faint Jacques de la Boucherie & de la vieille Monnoie.
Savoye (rue de), quartier faint André.	Rue des Auguftins, rue Pavée.
Scipion (rue de), fauxbourg faint Marcel.	Rue du Fer-à-moulin, rue des Francs-Bourgeois.
Sebaftien (rue faint), fauxbourg du Temple.	Chemin de la Contrefcarpe & rue de Popincourt.
Seine (rue de), fauxbourg faint Victor.	Porte faint Victor, le bord de l'eau.
Seine (rue de), fauxbourg faint Germain.	Quai des quatre Nations & rue de Buffy.
Senfée (rue), quartier faint Paul.	Rue faint Antoine, rue des Nonaindieres.
Sept Voyes (rue des), quartier du l'Univerfité.	Rue faint Hilaire, nouvelle Eglife de Ste. Genevieve.
Sepulchre (rue du), quartier faint Germain.	Carrefour de la Croix rouge, rue Taranne.
Serpente (rue), quartier S. André.	Rue de la Harpe & rue Haute-Feuille.
Seve (rue de), quartier du Luxembourg.	Depuis le Carefour de la Croix rouge, jufqu'à la Campag.

Severin

RUES ET QUARTIERS.	TENANS ET ABOUTISSANS.
Severin (rue saint) quartier saint André.	Rue saint Jacques & rue de la Harpe.
Simon-le-Franc (rue), quartier saint Martin.	Rue sainte Avoye, rue Maubué.
Singes (rue des), quartier sainte Avoye.	Rue sainte Croix de la Bretonnerie & des Blancs-Mant.
Soissons (place de l'hôtel), quartier saint Eustache.	Rue Coquilliere, des Deux-Ecus & de Grenelle : c'est aujourd'hui la Nouvelle halle au Bled.
Soli (rue), quartier saint Eustache.	Rue des vieux Augustins, rue de la Jussienne.
Sorbonne (rue de) fauxbourg saint Germain.	Rue de l'Université & rue des Saints-Peres.
Sorbonne (rue de), quartier saint André.	Rue des Mathurins & place de Sorbonne.
Sorbonne (place de), quartier saint Benoît.	Vis-à-vis la Sorbonne.
Soubise (rue de), quartier sainte Avoye.	Vieille rue du Temple, hôtel de Soubise.
Sourdiere (rue de la), quartier du Palais Royal.	Rue saint Honoré & cul-de-sac de la Corderie.
Sourdis (cul de-sac de), Q. du Louvre.	Rue des Fossés saint Germain l'Auxerrois.
Sulpice (place saint), quartier du Luxembourg.	Vis-à vis saint Sulpice.
Suresne (rue de), quartier de la Ville-l'Evêque.	Rue de la Magdeleine, rue des Saussayes.
Symphorien (rue saint), Q. de l'Université.	Rue saint Jacques & rue des Chiens.
Tabletterie (rue de la), Q. sainte Oportune.	Cloitre sainte Oportune, rue saint Denis.
Tacherie (rue de la), quartier de la Greve.	Rue Jean Pain-mollet, rue de la Coutellerie.
Taille-pain (rue), quartier saint Martin.	Cloitre saint Médéric & rue Brisemiche.
Tannerie (rue de la), quartier de la Greve.	Place de Greve, carrefour Guilleri.
Taranne (grande rue), fauxbourg saint Germain.	Rues des saints Peres & de l'Egoût,
Taranne (petite rue), fauxbourg saint Germain.	Rue de l'Egoût, rue du Sabot.
Tête (cul-de-sac de la grosse), quartier saint Denis.	Rue sainte Foi.

RUES ET QUARTIERS.	TENANS ET ABOUTISSANS.
Teigneux (rue des), ou de la Chaise, fauxbourg saint Germain.	Rue de Grenelle & rue de Seve.
Teinturiers (rue des), ou Navet, Q. de la Greve.	Rue de la Vannerie, Quai Pelletier.
Temple (rue du), quartier du Temple.	Rue sainte Avoye & porte du Temple.
Temple (place du), quartier du Temple.	Vis-à-vis le Temple.
Temple (enclos du), quartier du Temple.	Rue du Temple.
Temple (rue des Fossés du), fauxbourg du Temple.	Rue du fauxbourg du Temple, Pont-aux-choux.
Temple (vieille rue du), Q. du Marais.	Rue saint Antoine & rue S. Louis.
Temple (rue du fauxbourg du), ou des Porcherons, quartier du Temple.	Depuis la porte du Temple, jusqu'à la Courtille.
Temple (barriere du).	
Temps perdu (rue du), quartier Montmartre.	Rue Montmartre & rue du gros Chenet.
Théatins (Quai des), ou Malaquet quart. saint Germain.	Pont Royal, Quai des quatre Nations.
Théâtre François (rue du), quartier du Luxembourg.	Rue de l'ancienne Comédie Françoise & de Moliere.
Thebout (rue), quartier de la Chaussée d'Antin.	Rue de Provence & le Boulevard.
Therese (rue), quartier du Palais Royal.	Rue Ventadour & rue sainte Anne.
Thevenot (rue), quartier S. Denis.	Rue du petit Larron & rue saint Denis.
Thibautaudé (rue), quartier sainte Opportune.	Rue saint Germain l'Auxerrois, rue des Bourdonnois.
Thiroux (rue), quartier de la Chaussée d'Antin.	Rue de l'Egoût & des Mathurins.
Thomas (rue S.), ou saint Louis du Louvre, quartier. du Palais Royal.	Place du Palais Royal & Galleries du Louvre.
Thomas du Louvre (Cloître saint), quartier du Louvre.	Rue saint Thomas du Louvre & Froidmanteau.
Thomas (rue saint), quartier du Luxembourg.	Rue d'Enfer, rue saint Jacques.
Thomas du Louvre (rue S.), quartier du Louvre.	Galleries du Louvre, rue S. Honoré.

RUES ET QUARTIERS.	TENANS ET ABOUTISSANS.
Thrône (rue du), fauxbourg faint Antoine.	Barriére du Thrône & rue de Montreuil.
Thuilleries (rue des), fauxbourg faint Honoré.	Rue faint Honoré, & Jardin des Thuilleries.
Thuilleries (Quai des), ou de la Conférence, quartier du Palais Royal.	Le long du Jardin des Thuilleries.
Thuilleries (rue des vieilles), quartier du Luxembourg.	Rue du cherche-midi, & chemin de Vaugirard.
Tiquetonne (rue), quartier fainte Euftache.	Rue Montmartre & rue Mauconfeil.
Tireboudin (rue), quartier faint Denis.	Rue Montorgueil, rue des deux Portes.
Tirechape (rue), quartier fainte Opportune.	Rue faint Honoré & rue Betizi.
Tiron (rue), quartier faint Antoine.	Rue faint Antoine, rue du Roi de Sicile.
Tirouanne (rue), quartier des Halles.	Rue Mondétour & rue des Prêcheurs.
Tifferanderie (rue de la), quartier de la Grêve.	Place Baudoyer, rue de la Coutellerie.
Tonnellerie (rue de la), ou des grands Pilliers des Halles, quartier des Halles.	Rue faint Honoré, Pointe faint Euftache.
Torigny (rue des), quartier du Marais.	Rue faint Gervais, rue du Parc royal.
Touloufe (rue de), quartier Montmartre.	Rue des petits Champs & rue Croix des petits Champs.
Touraine (rue de), quartier du Marais.	Rue du Perche, rue de Poitou.
Tour des Dames (rue de la), quartier des Porcherons.	Rue Baudin & Tour des Dames.
Tournelles (rue des), quartier faint Antoine.	Place de la Baftille, rue neuve faint Gilles.
Tournelle (rue de la), Place Maubert.	Porte faint Bernard, Abreuvoir de la Place Maubert.
Tournelle (Pont de la), Ifle Notre-Dame.	Rue des deux Ponts & Quai de la Tournelle.
Tournelle (Quai de la), Place Maubert.	Porte faint Bernard, rue des Bernardins.
Tournon (rue de), quartier du Luxembourg.	Le Luxembourg, rue du petit Lyon.
Traînée (rue), quartier S. Euftache.	Le long de l'Eglife faint Euftache.

RUES ET QUARTIERS.	TENANS ET ABOUTISSANS.
Tranſnonain (rue), quartier ſaint Martin.	Rue Aumaire, rue Beaubourg.
Traverſiere (rue), quartier du Palais Royal.	Rue ſaint Honoré & rue de Richelieu.
Traverſine (rue), Place Maubert.	Rue d'Arras, Montagne ſainte Geneviéve.
Traverſine (rue), fauxbourg ſaint Antoine.	Rue du fauxbourg ſaint Antoine & rue de Charenton.
Traverſe (rue de), fauxbourg ſaint Germain.	Rue Blomet, rue de Séve.
Traverſe (cul-de-ſac de la r.), ou des Préch. Q. du P. R.	Rue Traverſiére.
Treille (rue de la), fauxbourg ſaint Germain.	Rue des Boucheries, Marché de l'Abbaye.
Triperie (rue de la), quartier Saint Jacques de la Bouch.	Rue de la Joyaillerie & Marché de l'Apport Paris.
Triplet (rue), fauxbourg S. Marcel.	Rue Gracieuſe, rue de laClef.
Trognon (rue), quartier S. Jacques de la Boucherie.	Rue de la Haumerie & rue d'Avignon.
Trois bornes (rue des), quartier de la Courtille.	Chemin ſaint Denis, rue de la Folie-Mericourt.
Trois Borgnes (rue des), Q. du Pont-aux-Choux.	Rues d'Angoulême & ſaint Maur.
Trois Chandeliers (rue des), quartier ſaint André.	Rue de la Huchette & le bord de l'eau.
TroisCouronnes (rue des), faubourg ſaint Marcel.	Rue ſaint Hippolite, rue ſaint Marcel.
Trois Maries (Carrefour des), quartier du Louvre.	Pont-neuf & rue de la Monnoie.
Trois Mores (rue des), quart. ſaint Jacques de la Bouch.	Rue Trouſſevache, rue des Lombards.
Trois Pavillons (rue des), quartier ſaint Antoine.	Rue du Parc royal, rue des Francs-Bourgeois.
Trois Piſtolets (rue des), quartier ſaint Paul.	Rues neuve ſaint Paul & du petit Muſc.
Trois Portes (rue des). quartier ſaint Benoît.	Rue des Rats, rue d'Amboiſe.
Trois viſages (rue des), quartier ſainte Opportune.	Rue Bertin-Poirée & rue Thibautodé.
Trop-va-qui-dure (rue), quartier ſainte Opportune.	Pont au Change, Quai de la Féraille.
Trouſſe-Vache (rue), quartier ſaint Jacques de la Bouch.	Rue ſaint Denis & rue des cinq Diamants.

RUES ET QUARTIERS.	TENANS ET ABOUTISSANS.
Trouvée (rue), fauxbourg ſaint Antoine.	Marché ſaint Antoine & rue de Charenton
Truanderie (grande rue de la), quartier des Halles.	Rue Comteſſe d'Artois, rue ſaint Denis.
Truanderie (petite rue de la), quartier des Halles.	Rue de la grande Truanderie & les Halles.
Trudon (rue), quartier de la Chauſſée d'Antin.	Rue Baſſe des Remparts & des Mathurins.
Tuerie (rue de la), quartier ſaint Jacques de la Boucher.	Rue ſaint Jerôme, près le grand Châtelet.
Turenne (rue de), quartier ſaint André.	Rue des Cordeliers& rue des Foſſés M. le Prince.
Vaches (rue des) fauxbourg ſaint Germain.	Rue de Séve, rue Blomet.
Vallée de Fécamp (rue de la), fauxbourg ſaint Antoine.	Rue de la Planchette, Chemin de Charenton.
Vallée de miſere (Quai de la), c'eſt le même que celui de la Féraille.	Deſcente du Pont-neuf & Grand Châtelet.
Valois (rue de), quartier du Palais Royal.	Rue Montpenſier & ſaint Honoré.
Valois (rue de), F. du R.	Rue de Chartres.
Vannerie (rue de la), quartier de la Grêve.	Carrefour Guillerie, Place de Grêve.
Vannes (rue de), quartier ſaint Euſtache.	Rue du Four, & rue de Viarmes.
Varenne (rue de), quartier ſaint Euſtache.	Rue des deux Ecus, rue de Viarmes.
Varenne (rue), fauxbourg ſaint Germain.	Rue de la Planche, Barriére des Invalides.
Vaugirard (rue de), quartier du Luxembourg.	Rue des Foſſés M. le Prince, & chemin de Vaugirard.
Vaux (Place aux), quartier ſaint Paul.	Port au Foin & Quai des Ormes.
Vendôme (rue de), quartier du Temple.	Rue du Temple, rue Charlot.
Vendôme (Place de) ou de L. le G. quart. du Palais Roy.	Rue des Capucines ſaint Honoré.
Veniſe (cul-de-ſac de), quartier de la Cité.	Rue ſaint Chriſtophe.
Veniſe (r. de)ou de Dix-huit), cette rue ne ſubſiſte plus depuis la reconſtruction de Enfans trouvés q. de la Cité.	Rue ſain Chriſtophe, rue neuve Notre-Dame.

Rues et Quartiers.	Tenans et aboutissans.
Ventadour (rue de), quartier du Palais Royal.	Rue neuve des petits Champs, rue Thérese.
Verd-bois (rue de), quartier saint Martin.	Rue du Temple & rue neuve saint Laurent.
Verdelet (rue), quartier des Halles.	Rue Mauconseil, rue de la Truanderie.
Verderet (rue), quartier saint Eustache.	Rue Pagevin & rue Plâtriere.
Verneuil (rue de), Fauxbourg saint Germain.	Rue des saints Peres & rue des Poitiers.
Verrerie (rue de la), quartier sainte Avoye.	Rue saint Martin, Cimetiere saint Jean.
Versailles (rue de), Place Maubert.	Rue Traversine, rue saint Victor.
Verte (rue), Fauxb. S. H.	Rue du Fauxb. S. Honoré.
Vertus (rue des), quartier S. Martin.	Rue des Gravilliers & rue Phelippeaux.
Viarmes (rue de), quartier S. Eustache.	Halle au bled, ancien Hôtel de Soissons.
Victoires (Place des), quartier Montmartre,	Rue des Fossés Montmartre, Croix des petits Champs, & de la Feuillade.
Victor (rue saint), Place Maubert.	Hôpital de la Pitié, Place Maubert.
Victor (rue des Fossés S.), Fauxbourg saint Marcel.	Rue saint Victor, rue neuve saint Etienne.
Victor (rue du fauxbourg S.) ou du jardin du Roi. Fauxbourg saint Victor.	Depuis la Pitié jusqu'à la Croix Clamart.
Victor (Barrière de saint.)	
Vignes (rue des), Fauxbourg saint Marcel.	Rue des Postes, rue du Puits de la Ville.
Villedot (rue), quartier du Palais royal.	Rue de Richelieu & rue sainte Anne.
Ville-l'Evesque (rue de la), Fauxbourg saint Honoré.	Eglise de la Magdeleine & rue Saussaye.
Ville-l'Evesque (Barrière de la)	
Villeneuve (rue basse de), Q. saint Denis.	Rue bonne nouvelle & Porte Saint Denis.
Vinaigriers (rue des), Fauxbourg Montmartre.	Rue du Fauxbourg saint Laurent & rue du Carême prenant.
Vincent (rue saint) ou du Dauphin, quartier saint Honoré.	Rue saint Honoré vis-à-vis S. Roch, près les Thuilleries.

Rues et Quartiers.	Tenans et aboutissans.
Vivienne (rue), quartier Montmartre.	Rue neuve des petits Champs & rue des Filles S. Thomas.
Voirie (rue de la) ou Cadet, Fauxbourg Montmartre.	Rue fauxbourg Montmartre, rue d'Enfer.
Volaille (quai de la) le même que celui des Augustins, , quartier saint André.	Pont neuf & rue du Hurepoix.
Vrilliere (rue de la) ou Toulouse, quartier Montmartre.	Rue neuve des petits Champs & rue Croix des petits Champs.
Vrillerie (rue de la petite), quartier Montmartre.	Place des Victoires, rue de la Vrilliere.
Vuide-Gousset (rue), quartier Montmartre	Place des Victoires, rue du Mail.
Université (rue de l'), Fauxbourg saint Germain.	Rue du Bac, rue de Bourgogne.
Ursins (rue haute des), Q. de la Cité.	Rue Glatigny & rue Saint Landri.
Ursins (rue moyenne des), Q. de la Cité.	Rue saint Landry & rue de Glatigny.
Ursins (rue basse de l'Hôtel des), quartier de la Cité	Près saint Landry.
Ursulines (cul de sac des), Q. Fauxbourg saint Jacques.	Rue saint Jacques, près le Couvent.
Zacharie (rue), quartier S. André.	Rue de la Huchette & rue S. Severin.